写给青少年的
心理
自愈书

黄仁杰　冯　磊◎编著

中国纺织出版社有限公司

内 容 提 要

成长中的每个青少年朋友，或多或少都存在一些心理问题，然而，人类的心理和身体一样，有着天生的自愈能力，每个青少年都要掌握一些自我疗愈的方法，来治愈童年的创伤、赶走曾经的心理阴影、清除内心的心理垃圾，进而获得力量健康成长。

《写给青少年的心理自愈书》从心理学的角度出发，立足于青少年朋友遇到的各种心理困扰，直击那些迷茫的内心世界，运用平和朴实的语言，引导青少年朋友运用自身的力量来进行心理自愈，进而重建健康的生活理念，以最好的状态重归生活。

图书在版编目（CIP）数据

写给青少年的心理自愈书/黄仁杰，冯磊编著. --
北京：中国纺织出版社有限公司，2022.5
ISBN 978-7-5180-9387-8

Ⅰ. ①写… Ⅱ. ①黄… ②冯… Ⅲ. ①青少年—心理健康—健康教育 Ⅳ. ①G444

中国版本图书馆CIP数据核字（2022）第037851号

责任编辑：赵晓红　　责任校对：高 涵　　责任印制：储志伟

中国纺织出版社有限公司出版发行
地址：北京市朝阳区百子湾东里A407号楼　邮政编码：100124
销售电话：010—67004422　传真：010—87155801
http://www.c-textilep.com
中国纺织出版社天猫旗舰店
官方微博 http://weibo.com/2119887771
三河市延风印装有限公司印刷　各地新华书店经销
2022年5月第1版第1次印刷
开本：880×1230　1/32　印张：6
字数：99千字　定价：49.80元

前言

青少年的成长问题一直是牵动家长和学校教育工作者神经的重要问题，事实上，在儿童成长的过程中，需要关心的不仅仅是青少年身体上的成长，还有心理成长。

实际上，专业心理人士也指出，我们生活中的任何一个人，都存在一定程度的心理问题，完全没有心理问题的人是不存在的。的确，现代社会，人们面临的生活和生存压力越来越大，人际关系越来越复杂，现代人的心越来越焦躁不安，在这样的情境下，处于成长期的青少年也会产生一些心理问题。

有人说："人类进入了情绪负重年代。"近日，卫生部副部长殷大奎在全国精神卫生工作会议上宣布，中国每年有大约25万人死于自杀，即每年每10万中国人就有22人轻生，估计还有不少于200万人自杀未遂。目前我国中小学生心理障碍患病率在21.6%以上，大学生在16%以上，这揭示了当前学生的心理健康存在不良状况，正是由于学生心理的亚健康状态，没有得到及时矫正和疏导，才使他们产生种种不良行为。

中国儿童中心曾发布一份题为《中国儿童的生存与发展：数据与分析》的报告：在中国，17岁以下的少年儿童中，至少有3000万人受到各种情绪障碍和行为问题的困扰。5.2%的儿童存在明显的躯体化、强迫症状、人际关系敏感、抑郁等心理健康问题。《中国心理卫生》杂志一篇文章称：国内有77.9%的中小学生心理存在轻度不良反应。

对于青少年自身来说，有问题并不可怕，可怕的是你不去正视它，甚至任其发展，这才是最可怕的。现在，一些青少年也在努力尝试各种方法来调节自己的心理。通常，人们会求助于心理医生或心理咨询机构，然而这并非长远之计。

解铃还须系铃人，心病还须心药医。你的身体天生有一定的自我疗愈的能力，你可以运用心理学的方法，直击自己的内心，从身体、精神和心灵上修复自己的创伤，找到人生幸福的终极方法。

对此，你可能需要一位心理自助导师，他能引导你抛开世俗的烦恼，帮你发现并接受最本真的自我。而本书就是这样一位导师，跟着它的脚步走，你会逐步找到修复心理创伤的方法，让自己的心有个归宿。

本书就是针对成长中的青少年朋友从心理学的角度出发，帮助青少年朋友挖掘内心深处潜藏的伤痛，然后找到问题的症结，并给出专业的建议。阅读完本书后，相信你会有所收获，也能清除掉那些久压在内心的创伤，进而获得心理能量。

编著者

2021年12月

目录

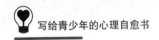

第01章

关于青少年的心理成长

　　成长是一件既快乐又痛苦的事，在任何人的成长过程中，都会夹杂着这样那样的问题。这些问题，有些来自养育者，有些来自孩子自身。但无论如何，这些都会对青少年的心理、性格、人格产生一定的影响，而那些创伤，如果不采取积极的修复方法，则会影响孩子的一生，作为青少年自身，要和自己的内心重新建立一场对话，了解曾经什么伤害了你，你又该如何尽快接纳自己，进而提升和重塑健康快乐的自我。

自卑者的困境——为什么我不如别人

下面是一位中学生的自述:

"我不知道自己怎么了?哪里出了问题……我一直很要强,学习很努力,我想让自己变得优秀。为此,我放弃了娱乐,放弃了休息,我让自己像一个陀螺一样不停转动,我不断地抽打自己,逼迫自己努力。我的努力得到了回报,我的成绩不错,老师也很喜欢我,父母也以我为荣,但我发现,似乎总有一些东西在控制我,在阻止我。每次当我去做一些有意义的事时,就总是有些糟糕事情发生,让这一切成为泡影。比如,最近,语文老师让我参加市里的一个中学生演讲大赛,这对于提升我的表达能力和自信很有帮助,我很开心也很紧张,立即着手开始准备,那段时间脑子里天天都是这个事情,把自己能想到的每一个细节都想清楚,并做好了准备预案。但是,随着时间一天天的临近,我开始变得越来越焦躁不安,甚至连要把准备好的讲稿转成PPT这样简单的事情,都一拖再拖,到最后几天,甚至紧张到都不敢去碰、不敢去想。最奇怪的是,我居然开始追剧,沉溺在一部无聊的电视剧情中,常常熬到深夜才逼迫自己去睡觉……最后的结果可想而知！当天，在演讲台上的表现一塌糊涂……这件糟糕的事情，不但影响了自己，还让我的老师对我很失望。从此以后，我就陷入了很长一段时间的抑郁，学习也没有了激情，能逃避就逃避。看到老师，我的眼睛就不知道往哪里放，和同学们在一起也觉得很不自然，总是想一个人躲起来。我知道，自己一定是哪里出问题了！

从这名中学生的描述中，我们看到了一个充满惊恐的孩子。站在一个陌生的舞台上，周围的人一定是瞪大了眼睛，对他投来了鄙夷和挑剔的眼光，甚至对他不好的表现评头论足，他很想逃离那个地方……

其实，这就是"自卑者"的真实内心体现，在一个应激环境下，他从小在内心形成的自卑感，曾经被压抑在记忆深处的那些被指责、批评、诋毁、诬陷、伤害，瞬间就被激活了。

这时候，他内心深处那个遍体鳞伤的自己，就被释放出来了，甚至控制了他的情绪和认知，让他无法正常发挥，他想做的只是离开、躲起来，这就是自卑情绪被应激情境所激活后，呈现出的创伤性体验！

心理学家认为，自卑是一种长期形成的心理创伤，比如，表现出缺乏自信、自我评价偏低、缺乏自我认同感等心理状况。而对于很多"自卑者"来说，他们会觉得这就是命运，是无法改变的。所以他们往往就会这样浑浑噩噩地度过一生，性格中充满了矛盾，时而懦弱逃避，时而执拗较真，时而表现出惊人的天赋和才华，时而自暴自弃、随波逐流。

自卑会限制我们的人生发展，让很多富有才华的人，因为自卑而错过了成功的机会，但他们的内心里却又不甘于平庸。于是，在这种既不甘心又无力改变的状态中，陷入自怨自艾、郁郁寡欢的恶劣心境，心里总是充满了怨恨，恨造化弄人，恨怀才不遇，恨命运不公！

所以说，自卑是我们生命中的一项重大议题，需要勇敢的去面对和寻求改变！

那么，人类的自卑从何而来呢？从广义上讲，它泛指对自己持批判或否定的任何态度,而在这种态度的背后，则是一种无能感、无力感、弱小感或恐惧感。那自卑感是天生本能的存在？还是我们人为去创造而得来的呢？

自卑情结有三个来源：器官缺陷、宠坏、疏忽。

关于器官缺陷有三个重点：

①器官缺陷即是无法对外在的需求有适当的反应；②影响了身体和心理；③在心理上可能造成有害的影响而引起神经上的疾病。不过这可以弥补，并导致有利的成就。

宠坏：那些长相漂亮或者可爱的孩子往往更受宠。他们总是放弃与外人交往的机会，将时间、精力和兴趣放到自己身上。他们长大后常会排挤他人，或会变得害羞或者性趣异常。对于这样一类孩子的母亲来说，重要的一项工作就是帮助孩子与周围的世界发生联系。

忽视：有些患自卑情结的孩子是被忽视的、具有恨意的、不被期望的、丑陋的小孩子。在这些孩子的内心，他们从小就根植了委屈和卑顺，很容易发展出自卑情结。

自卑是没有办法完全根除干净的。事实上，我们也不愿意完全根除它，因为自卑感可以作为构建某些事物的基础。

有自卑感的人通常对社会没有兴趣，要纠正他们，就要促使他们对他人产生兴趣。

德国人力资源开发专家斯普林格在其所著的《激励的神话》一书中写道："人生中，重要的事情不是感到惬意，而是感到充沛的活力。""强烈的自我激励是成功的先决条件。"所以，学会自我激励，就是要经常在内心告诉自己，我相信自己可以做到。如果你的心被自卑掩埋，那么，你已经输了。有自信，那么，即使面对逆境，也能泰然自若。这种强而有力的信心，便是来自自信。换言之，自信是力量增长的源泉。

总之，青少年朋友们，如果你也内心自卑，那么，请开启你的性格破冰之旅，通过专业的学习和训练，把那个被"自

"卑"困住的自己从创伤体验的束缚中拯救出来。

虽然在这个过程中会遇到一些挫折，很容易产生挫败感，但不可一蹶不振，自暴自弃，贬低自我。只有正确认识自我，接纳自己的不完美，用正确的心态和品质去与人交往，才能变得自信起来！

🔋 矛盾心理——不想被父母管束，又依赖父母

某心理医生遇到一位母亲，她苦恼地诉说着自己的孩子过了这个暑假就念初一了。可不知怎么回事，从这个暑假开始，她就感到女儿好像变了一个人，平时要么一个人闷在房间里上网、玩游戏，要么就是对家长不理不睬。奇怪的是，前两天她和爱人想跟女儿好好沟通一下，谁知没说几句话，女儿就顶撞说："我就是不知好歹，不可理喻。"还在自己的房间门上用计算机打了几个字"请勿打扰"贴在上面，气得自己无话可说。

可是，更奇怪的是，过了几天，女儿就给她发微信："妈妈，你晚上能帮我买包卫生巾吗？"看到女儿的微信后，她噗哧笑了并感叹，孩子就是孩子啊，心情就像天气一样变幻莫测。

生活中有不少青少年和案例中的这位女孩一样，一方面想

要脱离父母的掌控、管教；另一方面又依赖父母。这些孩子之所以有这样的表现，是与他们不成熟的心理特征有关系的。

那么，一些孩子为什么不想被父母管束呢？

第一，随着他们的成长，他们的身体开始快速成长和发育，心理上也会产生不少变化。第二性征的出现给他们的心理造成了一些冲击，他们往往会对此感到不知所措。因此，他们便会产生浮躁心理与对抗情绪；

第二，除了身体上的发育并趋于成熟外，此时的他们还渴望独立，希望周围的人把自己看成个成年人，因此在面对问题时他们常常呈现一种幼稚的独立性，并未成熟的他们会处在反抗期内。

第三，自我意识的增强、社会上各种新奇事物的冲击也让他们对很多东西产生兴趣，他们便要通过表现个性、追逐时尚等方式来满足好奇心。

除了以上三点，还存在很多其他因素。比如，社会和家庭教育的一些不足，也会成为孩子产生对抗心理的源头。此外，他们面临的各种压力，比如就业压力、学习压力以及生活中的无聊情绪等，也是叛逆心理产生的"沃土"。

而他们为什么又依赖父母呢？

作为孩子，都希望得到父母的爱和关注，尤其是现今社会，很多父母为了工作和生活越来越忙碌，对孩子的关注越来越少，不少父母认为只要给孩子优越的生活环境就行了，殊不知，孩子还需要父母的关爱和陪伴，而在那些单亲家庭或者父母关系不好的家庭中，孩子在这方面的心理需求就更明显了。另外，到了青春期以后的孩子，随着生理上的逐渐成熟和心理上的变化，他们也渴望得到父母的指导。

其实，作为孩子的你，应该学会认清自我，认清自己的内心，和矛盾的自己和解，在与父母相处这一问题上，教育心理学家给出了以下几点建议：

①多和父母沟通。

的确，你是渴望倾诉的，渴望得到父母的理解，但你也应该向父母敞开心扉，真正把他们当朋友，真正实现平等的沟通。

而当你和父母产生意见的分歧时，尽量控制好自己的情绪，不激化矛盾，试着换位思考。有些时候我们的父母处理事情的方式的确不太正确，但从父母的角度考虑的话，你就会发现他们这些做法的一切出发点都是为了你好。在这个世界上，只有父母对儿女的关心帮助是不求任何回报的，想到这些，或多或少就能理解了。

②可以告诉父母你已经长大了，有一定的担当能力。

你应该告诉父母，你已经是一个完整的、独立的个体，而不是小时候那个可爱的小孩子了。虽然你还处在成长的阶段，但已经具备了一定的解决问题的能力。向父母表明你的想法，一般来说，他们会接受的。

③积极参与家庭计划。

你已经不是个小孩子了，长大意味着责任，你可以主动向父母要求参与家庭计划。如果你能对一件事情给出合理的建议，父母一定会看到你的能力。

④遇到难题时，询问父母的意见。

慢慢长大的你一定会遭遇青春期，一定会遇到很多棘手的问题，向父母咨询，不但能帮你解决问题，还能加深和父母之间的感情。

⑤学会理解父母的情绪。

有时候，父母难免会遇到一些工作和生活上的烦恼，可能会对你发泄了不良情绪，作为孩子的你，要学会理解他们。当父母受到委屈的时候，你也可以给他们安慰，给他们鼓励，在和谐的亲子交流中，他们也会看到你的成长。

所以，青少年阶段的孩子们，你今天的努力是在为自己走进社会积累知识资本，你的努力与父母的期望是一致的。有话和父母交流，也可以劝父母停止唠叨，坐下来心交心的交谈，要尊重父母，互相理解，心平气和的平等交流。

童年阴影——成年后摔的跤，都与童年创伤有关

英国伦敦大学国王学院曾经进行过一项研究，其结果发表在英国的《精神病学》杂志上，这项研究的受众是出生在1950年和1955年间的7100人。研究结果表明，在这些被研究的受众中，那些曾经在幼年时遭遇过不幸的人，在性格上都比较忧郁，即便在成年后，他们也并没有走出阴影，同时，他们也比一般的人更容易遇到一些因健康导致的问题。

后来，又有心理学家提出，如果在童年时期遭遇某些压力或者不幸，很有可能导致他们的健康出现问题甚至早逝，而在这些压力或者不幸中，贫困和虐待会引发心脏问题或加速细胞老化等。

可见，童年时期的不幸遭遇，会对人们成年后产生强烈的影响。那么，该怎样摆脱童年阴影呢？

我们先来看下面一个故事：

赵女士如今事业有成，家庭幸福美满，老公也是事业单位的骨干，她还有个可爱的儿子，学习上面也从不让赵女士操心。在外人看来，赵女士应该生活幸福，毫无烦恼，但实际上，赵女士却长期失眠，总是会做一些噩梦。受到困扰的她不得不来寻求心理医生的帮助。

后来在专家的催眠式引导下，赵女士说出了一些童年时不愉快的经历：曾经，她有个幸福的家庭，父母都是知识分子，她还有个可爱的弟弟，她常常带着弟弟和周围的小伙伴们嬉戏，说到这里，赵女士嘴角还露出一点微笑。但后来，命运跟她和她的家庭开了个玩笑，在一次车祸中，她的父母双双丧生，剩下姐弟俩相依为命，直到成年后，赵女士凭借着自己的努力在事业上取得了一定的成功也拥有了一个幸福的家庭。可是，她不快乐，这种挥之不去的痛苦来自弟弟。赵女士的弟弟阿强是个烂泥扶不上墙的人，由于仕途不顺，他自暴自弃，还沾染上了赌博的恶习，并且习惯了对姐姐的依赖。赵女士一次又一次地替他还清赌债，每次善后之后都无比痛苦，她内心很挣扎，弟弟的不争气让她屡次想放弃帮他，可是每次这种念头出现的时候，就会梦见去世的父母。梦里的她常常觉得愧对父母而大哭，在矛盾心理的折磨下，赵女士患上了轻度的忧郁症。

对于赵女士的痛苦，心理医生给出了以下建议：

让阿强也接受心理咨询，认识到自己已经不是孩子，不能一辈子在姐姐的保护下生活，应该承担自己应尽的责任，为自己的行为负责，对于赵女士，她需要将父母与弟弟区分开。明白父母已经离去，自己不是弟弟的父母，不需要承担父母的责任，她的家庭是幸福的，享受和家人在一起的时光，和他们分享自己的感受，而不是把注意力放在已经成年的弟弟身上。

从赵女士的经历中，我们更加可以肯定的是，童年时期遭遇的不幸，会对成年后产生深远影响。人类本身就是生活在一定的环境下的，任何一个人都不可能完全不受环境影响，而在人的童年时期，人的心智、思想等方面还未成熟，一旦遭遇到某些不幸，比如虐待、失去双亲、受不到关爱等，就很容易导致人格缺陷、性格扭曲等，这也会对他们成人后的人生观、价值观等诸多方面产生负面影响。

但是，凡事都是有两面性的。那些有童年阴影的人，其实完全可以把这些经历转化为人生的宝贵财富与体验。有研究说明，85%的成功者在童年都会遭遇不幸或磨炼，如美国总统林肯、女作家三毛等世界知名人士一样都是经历过很多不幸的人，但是这些经历并不影响他们的健康发展，反而铸造了他们成为伟大的人。

所以，处于青少年阶段的孩子们，在成长过程中，无论遇到什么，都不能成为我们消极处世的理由，最重要的是对待生活的态度和挫折承受力的培养。也许你认为自己是世界上最不幸的人，但实际上并不是如此，别人可以从阴影中走出来，那么，你也可以。

应该如何走出童年心理阴影呢？这需要一个过程，教育心理学家一致认为，心理暗示能帮助人们找寻到童年的记忆，能帮助人们追根溯源，找到心理失调的根本原因。当然，这需要一个过程，在心理暗示时，你需要经过先面对、再接纳、包容，然后你才能超越，才能获得健康快乐的心理状态。

🔆 自卑者的不平衡心理——你的很多不良行为，都是自卑惹的祸

关于自卑，有一些青少年会将其理解为是人类与生俱来的一种感觉，但事实并不是如此。作为孩子，无论你多么勇敢，在后天的成长中，如果经历一些创伤和阴影，都有可能产生恐惧和自卑心理。在一个家庭里，如果你的父母胆小懦弱，那么，作为孩子的你必定也是如此，这并不是说胆怯会遗传，而是在这样充满恐惧的环境下成长，你根本无法勇敢，要知道，家庭氛围和父母的性格特征，是一个孩子成长过程中最重要的因素。

现在，你来回想一下，在你的班级中是否有一些独来独往的同学？其实，你可能不知道，在他们入学前，他们多半有可能与周围的人不怎么交往，甚至他的家庭也是如此，而正是因为如此，一些人认为这是遗传，但这种看法是站不住脚的，我

们固然承认一点，人的身体、大脑、器官上的缺陷都有可能让他们失去交际能力，这虽然是一种可能，但能够帮助我们理解这种怯懦性格特征的表现。

其实，自卑感与追求优越都是同时存在的，我们追求优越感，是因为感到自卑，而功成名就带来的优越感，能让人们克服这种自卑，然而，在追求优越感的过程中，如果我们屡屡受阻，或者因为身体缺陷而承受的压力达到我们无法承受的地步时，自卑感也会油然而生。此时的自卑感已经达到了一种过度的地步，它会促使人们追求那些能轻易获得的补偿，以及表面上的心理满足，而同样过度的自卑感放大了困难，让人们没有勇气克服。

我们举个例子来说明，假如你身边某个同学或小伙伴天生就有残疾，且身体上还有其他疾病，身心上的双重折磨会让他倍感压抑。他会喜欢将自己封闭起来，在他看来，外界的一切都对自己充满敌意，此时，如果他的生活中有个对他无微不至的人，那么，他的自卑感不但不会减轻，反而会加剧。其实，即便是一个身心健全的孩子，在面对比自己强很多的人时，他们也会产生一种自卑感，一些父母如果经常叮嘱孩子："小孩别插嘴"，这样会更容易加剧这种自卑感。

所有的这些外在对比，都会让人产生自卑，因为他会认为，无论是从体格还是其他方面，自己都比别人差很多。这种不平衡感在心里酝酿，造成了他心理的不平衡，因此他需要做出更多的努力来改变这种格局，这让他产生了源源不断的动力，然而，这并没有让他学会与周围的世界和平友好地相处，反而造成了他自卑且自私的性格特征，他们总是独来独往、形单影只。

事实上，在你的身边，那些长相丑陋、体弱多病或身体有缺陷的孩子往往更自卑，这种自卑感表现在两个极端。比如，他们说话时要么咄咄逼人，要么唯唯诺诺。这两种说话方式看起来天差地别，但追根究源是相同的，他们在表达时可能一次说得很多或者很少，但无论哪种情况，都暴露了他们自己对优越感的追求。不过，由于他们对生活不抱任何希望，同时，在他们看来，他们无法对社会作出贡献，此时，他们的社会情感就提升到了实现个人目的上。

作为成人，无论他们怎么询问心理存在些问题的孩子，无论采用怎样委婉曲折的方式，他们得到的答案总是模糊的，一些孩子说自己还好，一些可能说自己没用，如果是第二种答案，那么他们听到更多的答案可能是"你没救了"这样的评价。

被这样评价，即使是成人都会感到受伤，更别说作为孩子的你们了，大部分孩子都会因为被成人这样评价而感到沮丧、对自己缺乏信心、怀疑自己，然后将自己封闭起来。他们会变得自私、不考虑他人感受、违法乱纪、贪婪等，一旦发现别人的秘密，他们就会借此来伤害他人。

因此，生活中的每个孩子，如果你有以下这些不良行为，比如在学校违法乱纪、欺负弱小等，那么在过分自责前，请一定要找到深层次的心理原因，你的这些表现其实都与自卑心理有着密切的关系，并且，如果你在错误的发展道路上已经持续了很久的时间，你想要获得改变，就要更深刻认识自己，给自己一点时间。在改变的过程中如果偶尔遇到了挫折也不要气馁。在学习上，如果几年以来你的学习成绩一直很糟糕，那么，你就不能指望能在两周内成为尖子生，但毋庸置疑的是，你最终是可以得到提高的，无论何时都不要将自己定性为问题少年。

🔑 不良情绪——突如其来的坏脾气，都来自积压已久的心理创伤

王女士是个心宽体胖的女性，虽然她比较胖，但是她自信、开朗，大家都愿意和她来往，现在她想起当年那些嘲笑自己的小伙伴，她一笑而过。

可是最近，王女士仿佛看到了当年那些场景再现：有一天，下班后，她来学校接女儿，就在学校墙角那里，她看到一群男生在欺负女儿。

"小胖妹，又矮又胖，将来嫁不出去咯。"

"这么胖，还穿紧身衬衫，我都看到你肚子上的救生圈了。"

"龙生龙，凤生凤，老鼠的儿子会打洞，好像你妈也是胖子吧。"

听到这些后，王女士的女儿真的生气了，她捡起地上的木棍，朝这些男生扔过去。看到这一幕，王女士赶紧走过去，准备拉女儿走开，但没想到女儿却对自己的说："都是你的错，把我生这么胖，我才被同学们笑话！你滚开！"女儿发脾气的样子，令王女士很震惊。

"难道是我错了？我以为女儿和我一样自信，这个咆哮的女孩子真的是我的女儿吗？"

事实上，和王女士的女儿一样，相信不少青少年心里都住着一个魔鬼——自卑。通常来说，人们都认为，那些自卑胆小的孩子脾气会更温顺，更听话，但事实上往往相反，每个孩子都是敏感的。对于那些自信、情绪外显的孩子，他们更善于抒发内心的情感，因而懂得自我排解不良情绪，而那些自卑、内向的孩子，他们会把内心的不快郁结心中，当他们的自卑处被挖掘出来的时候，他们的脾气就会爆发出来，甚至一反常态，这就是王女士所感叹的："这个咆哮的女孩子真的是我的女儿吗？"

的确，作为成长中的孩子，大部分的时间都生活在集体中，自然很容易把自己和周围的朋友和同学相比。当自己的某一方面不如他们的时候，自卑感就会油然而生，把这种不如人的想法积压在心中，甚至不愿意与朋友、同学相处。此时，你可能就会变得很敏感，如果你任由自卑心理在内心郁结，就可能会对周围的人抱有很大的戒心和敌意，不信任别人，一点小事也会引发一场轩然大波。

那么，青少年的自卑是源于哪里呢？

1.学习成绩不如人

有些孩子因为学习成绩差而过分自卑，对自己没有信心，经常为自己的成绩或其他方面的不足而苦恼，心理脆弱，有时会因此而离家出走，甚至产生轻生的念头，尤其是在考试前后、作业太多或学习遇到挫折的时候。

2.物质条件不如人

有些孩子，家庭经济条件不好或者来自单亲、离异家庭，他们会认为自己低人一等，生怕被同学、朋友笑话，时间一长，自卑心理也就产生了。

3.身体缺陷

要摆脱这种自卑心理，需要做到以下几点：

（1）正确评价自我，你是特别的

你所谓的那些"缺点"，那些你不喜欢自己的特质，其实是你最宝贵的财富，只是你在表达的时候，程度有点过于强烈了。就好像放音乐一样，声音过大，就会让人觉得很不舒服，但是如果我们把音量调小，你自己和周围的人都会意识到，那些你所谓的缺点正是你的优点。你所要做的，就是在适当的时间、适当的地点，用适当的方式将它表达出来而已。这时你会发现你仍然是特别的存在，仍然被无限的爱着。

因此，你要本着实事求是的态度，要学会用正确的、辩证的眼光看待自己，要充分认识自己的能力、素质和心理特点，在不夸大自己缺点的同时，也不避讳自己的长处，这样才能确立恰当的追求目标。用这样的心态，你才能取长补短，在看清楚自己不足的同时，将自卑的压力变为发挥优势的动力。

（2）提高自信勇气

要相信自己的能力，学会进行积极的自我暗示：我并非弱者；我并不比别人差；别人能做到的，我也能够做到，只要我付出努力；既然我选择了，我就要努力达到自己的目标，决不放弃；我不必自卑，人无完人，别人也不是完美的。

（3）积极与人交往，发展健康的人际关系

如何才能交到益友：

①培养自己交往的品质。真正的友谊需要坦诚的沟通、尊重、同情与理解、负责、宽容，以及愿意为保持这种友谊而努力。当你考虑交往真正的朋友时，你就要懂得付出，不要只想着朋友能为你做什么。

②自重和尊重朋友。你可能会想：但愿我有这样一个朋友，他会听我的话，理解我，并且使我不会孤独，他不要有什么我不能接受的个性。不幸的是，你没有权利来改变他人。你不能迫使他人为了友谊来满足你的需要。如果你希望被爱和被尊重，你首先要做到的是自爱和自尊；如果你希望交到朋友，你就必须学会尊重他人个性的差异。

（4）掌握一些消除自卑的方法

想一想：对于挫折，你要换个角度来想，挫折和失败是对人的意志、决心和勇气的锻炼。人是在经过了千锤百炼后才成熟起来的，重要的是吸取教训，不犯或少犯重复性的错误。

比一比：与同学好友相比，这没错，但不能只看到自己的缺点和不如人的地方，你要这样想，我虽说比上不足，但比下有余，及时调整心态，以保持心理平衡。不因小败而失去信心，不因小挫折而磨掉锐气。

走一走：到野外郊游，到深山大川走走，散散心，极目绿野，回归自然，荡涤一下胸中的烦恼，清理一下浑浊的思绪，净化一下心灵的尘埃，换回失去的理智和信心。

作为家长，我们都知道，如果我们总是用消极的心态对待一切事情，那不但什么事情都做不好，还会使自己产生无能和绝望的情绪。所以，在日常的生活中。遇事要多向积极的方面考虑，用乐观的心态看待一切事情。当你拥有积极的心态后，你往往就能很自然地保持积极的自我情感体验了。

父母给的恐惧——只有听话才会被爱

生活中的孩子们，你是否经常听到父母这样说："你不听话，妈妈就不爱你了。""你考不好，就不是我女儿。""你是全家的希望，你要有出息。"……当这些话经常充斥在你耳边，你是否会产生这样的一些想法：

"让父母开心是我的责任，我必须努力学习，让他们满意。""父母做的一切都是为了我，我绝不能让他们失望。""我要乖乖的，不然妈妈就不要我了。"……

然而，从父母的角度来说，年幼的孩子根本无法分清真假，当父母用这样"有条件的爱"来养育和控制他们时，很容易让孩子形成自卑、不认同自我的个性特征，这样的孩子虽然很听话，但是却缺乏自我认同感、不自信，甚至在成年以后也不看重自己、对他人顺从、唯唯诺诺，而一旦遇到一个小小的挫折，他们内心紧绷的弦就容易断裂，甚至产生严重的心理疾病。

有一则新闻：

一个12岁的女孩欲跳海轻生。民警赶到现场发现，一年轻女子正哭哭啼啼对想要跳海的女儿说："你下来，妈妈错了。"但女孩丝毫不听劝阻，还是跳了下去，所幸被救起，没有性命危险。

原来，这名女孩因为小升初考试成绩不好，被妈妈冷落了三四天，最后经受不住心理压力而选择跳海轻生。事后，记者采访了小女孩，女孩说，妈妈从小就要她必须考第一名，如果考不到第一名，就将她卖到山里，在被妈妈威胁和恐吓下，她从来不敢不听话，也不敢给父母添麻烦，在外人眼里，她特别乖巧听话懂事，但只有她自己知道，她太累了，她不想再这样下去了，而小升初考试的失败更是她选择轻生的导火索。

其实，生活中，不乏这样的"假家长"，很多父母因为不满孩子的学习而"吓唬"孩子，孩子是分不清真假的，他们能记住的只有父母冰冷刻骨的言语和无形的压力，即使家长只是为了吓唬孩子，但这也透支了孩子对他们的信任。

无独有偶，某中学有个叫小飞的男孩，由于家庭贫困，住在郊区的平房内，父亲原来是工厂的工人，但是在一次车祸后瘫痪了，母亲不得不外出打点零工。自从那件事之后，小飞就变得内向了，一到吃饭时间，父亲就会说："小飞，你是全家的希望，以后就指望你了。"为此，小飞努力学习，他觉得自己如果学习不好就对不起自己的父母，因为父母为了让自己上学付出了很多，但让他不能接受的是，他的成绩在班上只能算中等水平。他每天花费很多时间在学习上，但学习成绩仍然不见提高。他感觉很悲观，甚至对自己的智力有些怀疑。

小飞这种心理的出现，是因为他的爸爸用情感勒索了他，形成了对他的控制，表面上看是培养了一个温顺懂事、努力学习的好孩子，其实他们并不懂得，当他们用情感绑架了孩子，孩子就会强迫自己形成一个观念：我绝不能让父母失望，让他们高兴，比我的生命还重要，而一旦自己做得不好，他们就会自我否定和怀疑，甚至产生严重的心理疾病。

生活中，这样的场景太多了，似乎我们总是伴随父母"有条件的爱"长大的。比如小时候"你再这样，我就不爱你了""你吃饭不规矩，你爷爷奶奶会讨厌你的""再不睡觉，大灰狼就来把你抓走""不听话，就会被警察抓走""你再哭，你妈妈就不要你了"。再长长大一些，我们被恐吓"不好好学习，长大就要掏大粪"。成年后，我们被恐吓"不结婚不生子，病了老了都没人照顾你"。上一代父母，根本没有科学育儿的观念，让孩子成了被"吓大"的一代。

这种恐吓，本质上跟教育没有关系，它起到的只是"逼你服从"的作用。很多时候，对孩子实施控制的父母，更多的只是为了满足自己的权力欲，只是想让儿女做一些"让自己看得惯"的选择，而实际上。小孩子的生理、心理发展，都需要一个过程。他们对周边世界的理解来自成年人的引导和教育，同时还会加上他们自己的想象。

他们对外界的认知还不清晰，而"恐吓式的教育"则很容易使得孩子分不清楚真正的起因和结果。"恐吓式的教育"强行把A行为和B后果画等号，却没能引导孩子去思考二者之间的因果和逻辑关系，这样十分不利于孩子的性格塑造和成长。

比如，一些父母恐吓孩子"不好好吃饭，就把你扔出去""被扔出去"，对于孩子来说是一件多么可怕的事，所以他们会乖乖吃饭，但是他们是在恐惧和缺乏安全感的心情下做了"正确的事"，却并未思考"好好吃饭"与"自己的身体健康"之间有怎样的因果联系。

缺乏爱和安全感的孩子，习惯将自己的行为与他人对自己的爱联系起来，很难形成自信的性格，甚至有一些孩子，在成年后，甚至形成"不优秀就不配获得"的观念，而一旦他们犯错，就会因为承受不了挫折而做出极端的事来。

生活中的青少年朋友们，如果你也有这样被"有条件的爱"控制的经历，请问问你自己的内心：

①你是否经常有自我强迫的观念？

②如果你有这样的感受，请将这些感受记录下来。

③始终记住，你是独立的个体，你为自己而活，所以，给自己一点时间，重新建立自己的意识。

第02章

什么是青少年期创伤

　　有研究表明，亲子关系的质量为以后青少年人格的发展奠定了基础，一种安全的依恋关系会促进健康的适应，而不安全的依恋则会增加青少年之后出现功能和潜在的心理问题的风险（Giddens, A.1969）。因此童年创伤、父母心理健康水平、父母教养方式和亲子关系可能是影响青少年心理健康状况的主要家庭因素。那么，什么是青少年期创伤呢？影响青少年心理发展和健康的因素又有哪些呢？带着这些问题，我们来看看本章的内容。

自我否定——别让内心的"批评者"跳出来伤害你

在大多数人的内心，都住着一位批评者，他是我们成绩的否定者，每当我们有了一点小小成就时，他们就钻出来，然后把我们内心的一点欣喜和自信击得粉碎。比如，当你因为一个创意被老师夸奖时，他会说："别以为你真的的想法很不错，其实老师不过是敷衍你而已。"当你写了一篇文章准备发表时，他会说："写的这么差，你还好意思给别人看？"当你准备学习某项手工时，他会说："你那么笨，怎么可能学得会？"不难想象，内心总是被这样的声音占据，在日后能有什么大作为。诚然，我们知道，合理的自我批评让我们更好地反省，但过度批评或者重复次数太多，则会让我们对自己的能力和价值产生怀疑，让我们变成一个胆小怕事的人。

对于成长期的孩子来说，过度谦虚并不是美德，而是恶习。生活中，人们常说："你自己永远是信任你的最后一个人——全世界没有一个人信任你了，还有你自己信任你自己。"列宁也说过："自信是走向成功的第一步。"这就是告诉你要相信自己，要积极地暗示自己，而不是任由内心的批评者控制我们。

　　笑笑是一名学习努力且成绩优异的孩子，她能力出众、待人温和，几乎所有的同学和老师都很喜欢她，这不，最近学校让各个班级选一名学生代表出来参加市里的演讲大赛，老师就决定让笑笑参加。

　　这天中午，她的同学兼好友丽丽道喜道"恭喜你啊，笑笑"。

　　"有什么开心的，愁死我了。"笑笑叹了口气。

　　"你可以参加市里的演讲大赛，这是多么高的荣耀，应该高兴，别人盼还盼不来的呢，有什么可愁的？"丽丽就纳闷儿了。

　　"说实话，我根本不想去，就现在当个课代表，我都觉得压力大，有做不完的事情，要是再去参加比赛，我还要做更多的事，承受更大的压力，我恐怕一点自己的空间都没了，再说，万一表现不好呢？老师会很失望的，同学们估计也会嘲笑我，并且，真要站在演讲台上演讲，到时会有很多人看着我，他们可能会评价我的发型、衣服、表达能力等，事后估计会成为大家的谈资，被人始终盯着的滋味实在不好受。"

　　听完笑笑的话，丽丽点了点头，确实是这么个道理，然后她接着问："那你准备怎么做？老师都点名让你去了呀？"

　　"能怎么办？躲着呗！能拖就拖，接下来几天我都不想来上学了，请几天假，就说自己不舒服，老师觉得我身体不舒服，也就会找人替代我的。"

笑笑的一番话让丽丽沉思半天，的确，人们都只是看到别人身前的荣耀，却没有看到他们身后的牺牲和压力，不过，因为害怕成功所以讨厌，真的正确吗？

对于丽丽的疑问，我们可以给出答案，当然不正确！一个人对自己缺乏自信、害怕成功，只会导致他们停滞不前，只会把自己禁锢在牢笼中。其实，很多时候，你所恐惧的成功后的事情并不一定会发生，即便发生，也远没有你想象的可怕。不过，我们可以从这个案例中得出一点：在负面的、消极的情绪下，人会缺乏动力，效率也会下降。

每个青少年阶段的孩子，都要尽早知道一点，生活是千变万化的，悲欢离合，生老病死，天灾人祸，喜怒哀乐，都在所难免。一次被拒绝的失望，一场伙伴的误会，一句过激的话语，都会影响你的心情，生活中的不顺心事总是很多，这就需要你学会调节自己的心态。怎样调节呢？最简单有效的做法——用积极的暗示替代消极的暗示。当你想说"我完了"的时候，要马上替换成"不，我还有希望"，平时要养成积极暗示的习惯。

我们也发现，一个人积极与否，心理暗示也是会起作用的，比如，在你的创意被否定的情况下，不同的人会产生不同的心态，如A会说："加油，你很棒，被否定说明我还有很多路要走，要不断锻炼自己，改进我的不足，这样就会被认可了！"而B反应则是："唉，为什么我就这么差劲？我为什么总是这么倒霉？为什么我总是被否定？"

接下来，这两种不同的态度导致了ＡＢ两人完全不同的态度：A会在业余时间把精力放到学习和为自己充电上，而相反，B则不断自我怀疑、自我否定。我们看到，A的时间都用在了通往成功的路途上，而B的时间则用在了情绪消化上。

因此，从这一点上，我们可以说，在你的内心你对批评者的控制能力如何，决定了我们的心态如何，而这又决定了你关注的焦点在哪里，焦点决定了你的时间用在哪里，是否将有利于你快速达成目标。

总之，青少年朋友们，无论我们遇到什么事，我们不要让内心批评的声音有机可乘，要拒绝受控。一旦被它"袭击"，会马上自我保护，提醒自己它只不过是借软弱打倒理性的纯粹思维惯性而已，你便能歼灭那些消极心态了。

我像个丑小鸭——身体缺陷带来的自卑感如何克服

生活中，相信每个青少年都已经知晓自信对于一个人的成长极为重要，而自卑则对人的身心产生消极的影响，在人际交往中，自信更是获得良好人际关系的前提，心理学的一些研究表明，自信的孩子开朗、活泼；对待生活热情，不怕失败，敢于尝试；对事物充满极大的兴趣，创新意识较强，他们在学校的表现往往比较好，长大了也更容易获得他人帮助，与之相反的是，那些自卑的孩子，他们凡事悲观消极、闷闷不乐，怎么会交到好朋友，在其他方面怎么会有出色的表现。

事实上，在不少孩子尤其是那些生理有缺陷的孩子心里都住着有个阻碍他们成长的魔鬼——自卑，而如果这些孩子不能正视且克服内心的自卑，很容易产生心理问题。

下面是一位妈妈的陈述：

"我女儿今年10岁，孩子自生下来后，身体一直比较好，她八岁左右，就经常听到别的同学叫她矮冬瓜，因为孩子的身高确实比同龄人矮一截，这可能是基因决定的，我和她爸爸个头都不高。自尊心太强的孩子从小就心理压力很重，但她从来没有给家长说过些。一直到今年，我们发现女儿不爱说话了，放假也不出去，后来老师告诉我们，女儿在学校也不合群，我知道，女儿一定是自卑了，我想带女儿去看心理医生，但我们这个城市没有，想带她去别的地方看，她坚决不去，我也在网上多方查看过这方面的信息，想尽办法诱导她，情况有所好转，但改变不大，以至于她的心理问题不能彻底解决。"

因为身高上的不足而使这个女孩的身体健康受到损害，她的心理处于极度自卑之中，而父母又发现得晚，以至于女孩在出现心理问题时，才引起母亲的注意，这对女孩来说是极其残忍的一件事情。而实际上，外在不够完美乃至身体缺陷带来的自卑也并非完全是坏事，但首先需要你懂得认识和接纳那个不完美的自己。

1907年，心理学家A·阿德勒发表了有关由缺陷引起的自卑感及其补偿的论文，而使其名声大噪。

A·阿德勒认为：由身体缺陷或其他原因所引起的内心自卑，可能会摧毁一个人，使之自我封闭、自甘堕落，严重的还会导致精神病，但还有一种可能，它还有可能使人发愤图强以补偿现在的弱点，改变自卑心理。

例如，古代希腊的戴蒙斯赛因斯本是个患有口吃的孩子，但在经过勤学苦练后成为了著名的演说家，而美国前总统罗斯福，患有小儿麻痹症，其奋斗事迹，更是家喻户晓之事。有时候，一方面的缺陷也会激励人在另一方面获得补偿和超越，如尼采身体羸弱，可是他却弃剑就笔，写下了不朽的权力哲学。诸如此类的例子，在古今中外的历史上可以说是不胜枚举。

德国精神分析学家弗洛伊德曾提出：补偿作用是由于要弥

补性的发展失调所引起的的缺憾。受了弗氏的影响，A·阿德勒遂提出男性钦羡的概念，这种观念，无论是男性还是女性，都有一种要求强壮有力的愿望，以补偿自己不够男性化之感。

以后，A·阿德勒更体会到：无论是否存在器官缺陷，在儿童身上，自卑感都是普遍存在的，因为他们身体弱小，无论是生理需求，还是精神层面，都需要依赖成人，一旦儿童利用这种自卑感来作为他们有做事能力的借口时，便很容易发展出神经病的倾向。如果这种自卑感在以后的生活中继续存在下去，它便会构成"自卑情结"。因此，自卑感并不是变态的象征，而是个人在追求优越地位时一种正常的发展过程。但如果能以自卑感为前提，寻求补偿和实现超越，是更容易获得成就的。

A·阿德勒以"自卑情结"为中心思想，创立了"个体心理学"，并成为一个学派的创始人。他认为人类的行为都是出于自卑感及对自卑感的克服与超越。

在他的《自卑与超越》一书里，阿德勒以平易轻松的笔调，描写了自卑感的形象对个人行为的影响。以及个人如何克服自卑感，将其转变为对优越地位的追求，以获取光辉灿烂的成就。

的确，人的潜能是无限的，它是人的能力中未被开发的部分，它犹如一座待开发的金矿，蕴藏着无穷的价值。一个人最大的成功，就是他的潜在能力得到最大程度的发挥，但这一前提是，无论你的理想多么崇高，要实现你的力量你就必须克服自卑，实现超越。

60年前，加拿大一位叫让·克雷蒂安的少年，说话口吃，曾因疾病导致左脸局部麻痹，嘴角畸形，讲话时嘴巴总是向一边歪，还有一只耳朵失聪。听一位医学专家说，嘴里含着小石子讲话可以矫正口吃，克雷蒂安就整日在嘴里含着一块小石子练习讲话，以致嘴巴和舌头都被石子磨烂了。

母亲看后心疼地直流眼泪，她抱着儿子说："孩子，不要练了，妈妈会一辈子陪着你。"克雷蒂安一边替妈妈擦着眼泪，一边坚强地说："妈妈，听说每一只漂亮的蝴蝶，都是自己冲破束缚它的茧之后才变成的。我一定要讲好话，做一只漂亮的蝴蝶。"

功夫不负有心人，终于，克雷蒂安能够流利地讲话了。他勤奋且善良，中学毕业时不仅取得了优异的成绩，而且获得了极好的人缘。

1993年10月，克雷蒂安参加加拿大总理大选时，他的对手大力攻击、嘲笑他的脸部缺陷。对手曾极不道德地说："你们要这样的人来当总理吗？"然而，对手的这种恶意攻击却招致大部分选民的愤怒和谴责。当人们知道克雷蒂安的成长经历后，都给予他极大的同情和尊敬。在竞选演说中，克雷蒂安诚恳地对选民说："我要带领国家和人民成为一只美丽的蝴蝶。"结果，他以极大的优势当选为加拿大总理，并在1997年成功地获得连任，被国人亲切地称为"蝴蝶总理"。

一个口吃少年变成人人敬仰的"蝴蝶总理"，他真的如蝴蝶一样，实现了自己人生的蜕变。在他的成功之路上，真正的动力是辛勤和努力。虽然他刚开始有缺陷，也因缺陷而感到自卑，但也正是缺陷的存在，才使得他认识到幸福与尽早努力的关系。

可见，身体缺陷或许会为你带来一定的自卑感，但这并不是坏事，反而可能会成为我们人生蜕变的动力，当然，这需要我们不断积累信心，不断催眠自我以强化信念，然后朝着目标奋进！

习惯性无助——摆脱无助，才能真正变得坚强

生活中，我们经常听到一些青少年在学习成绩不佳时这样说："算了，就这样吧，没用的""听天由命吧"……这种消极、自卑的心理是他们在学习上积极进取的最大杀手，对此，

作为青少年自身，你一定要摆脱这种无助感，只有这样，你才能真正重拾自信。关于这一点，心理学上有个著名的名词——"习得性无助"。

"习得性无助"是美国心理学家塞利格曼1967年在研究动物时提出的。

他用狗做了一项实验，他先把狗关笼子里，当准备好的蜂音器一响，就电击笼子里的狗，狗关在笼子里只能呻吟和颤抖。

就这样重复了几次之后，当他再一次打开蜂音器后，他在电击之前将笼子的门打开，但奇怪的是，狗居然没有夺门而出，而是在电击之前一听蜂音器响就呈现出痛苦状。原本，这只狗可以主动地离开笼子，免除这种痛苦，但它却选择逃避。心理学家们把这种在受到多次挫折之后产生的对付情境的无能为力感叫作习得性无助或习得性绝望感。

那么，"习得性无助"又是怎样发生的呢？原因很简单，当一个人总是经受失败和打击，体验到的成功太少，或者根本没有尝到成功的滋味，那么，他就会形成一种无助感、自卑、失望、悲观，甚至对自我价值的认知也是消极的。

习得性无助是一种常见的心理现象，它不仅发生在成人当中，在青少年朋友中也普遍存在。比如，有些学生之所以对学习提不起兴趣，一到上课就睡觉，甚至厌学、逃学，其中很大一部分原因就在于学习上的"习得性无助"。

为此，任何一个人，一旦沾染上"习得性无助"，就会给自己的心筑起一道永远无法逾越的墙，他们会坚信自己无能为力，放弃任何努力，最后导致失败。哈佛大学教授罗伯特曾经遇到这样一件事：

这天，他接到一个女孩的电话，这个女孩正在读高中，电话里，女孩带着哭腔说："我真的什么都不行！"

罗伯特很快感受到女孩痛苦、压抑的心情，于是，他亲切地问道："真的是这样吗？"

女孩好像对自己特别失望："是的，在学校，我不善和人打交道，同学们都不喜欢我。我成绩不好，老师也从不正眼看我。妈妈很辛苦地供我读书，希望我能出人头地，但我的考试成绩却一次次地让她失望，就连我喜欢的男孩子也不喜欢我，你说我是不是很失败，我现在都不知道接下来的路该怎么走了……"

罗伯特教授追问："是这样啊，那你为什么要给我打这个电话呢？"

女孩继续说："我也不清楚，也许是我压抑得太久了，想找个人去倾诉吧，这样也许会好过点。"

罗伯特明白，这个女孩的问题正在于——习得性无助，却又缺乏鼓励。假如一个人长时间在挫折里得不到鼓励与肯定，就会逐渐养成自我否定的习惯。

接着，罗伯特教授说："可是从我们这一段简短的对话中，我发现你真的有很多优点：你善良、懂事、逻辑思维能力和语言表达能力都很好，我真是不明白为什么你会觉得自己什么都不行？"

女孩好像很惊讶，她问道："不是吧？这都能算优点？那为什么没有人告诉过我呢？"

罗伯特教授回答："那么，请记住我的话，从今天开始，你每天都要记下自己的一些优点，最少要写十条，然后大声地念出来。还有，如果发现了自己新的优点，一定要补充上。"

后来，罗伯特教授在课堂上就这一事例告诉学生："可能在你们中间，也有一些人像我遇到的这个女孩一样，在经历过一些挫折之后，便开始自我否定，认为自己什么都不行。我希望从今天开始，你们每个人都要积极地认识自我，摆脱这种习得性无助，你才能真正变得坚强。"

的确，正如罗伯特教授所说的，人们的受挫能力是有一定极限的，人们在经受了长期的挫折影响后，便容易对自己的能力产生怀疑，对失败的恐惧远远大于对成功的希望。但无论如何，青少年朋友，你都要避免这样的心态，正确评价自我，才能树立自信心，走出困境，成为一个坚强的人。具体说来，在日常生活中，你需要做到以下几点：

1.不要总是和其他人比

如果你总是拿自己的短处和他人的长处比，你就很容易产生自我否定的情绪，给自己造成心理压力，认为自己真的比别人差、比别人笨，于是形成恶性循环。

2.客观评价自己

人无完人，一个人对自己的评价应该是客观的，不仅包括自己的不足，还包括自己的长处，正如罗伯特教授所指点的那样，一个人要摆脱习得性无助，首先就要正确认识自我，多看自己的优点。

3.体验成功，摆脱无助感

青少年阶段的你们都是充满好奇心的，对什么都想尝试一下，对此，你不妨多去做一些成功率高的事，这样，在成功的体验中，你能逐渐树立自信心，排除挫折，进而远离无助感。

人们在经受了多次的失败和挫折后，很容易有习惯性无助的心理，对此，在挫折面前，每一个青少年都应该谨防习得性无助，以积极的心态看到挫折，摆脱无助心理，你才能真正成长为一个坚强的人。

不完整的家——父母离异，我还会被爱吗？

对于任何一个成长期的孩子来说，他们都希望有一个完整和谐的家庭，父母相亲相爱，在这个的环境下成长，他们也才会真正的快乐，但父母关系破裂，对于成长中的你来说，确实是一个不小的打击，那么，面对这种情况，你该怎么办呢？

在很多家庭中，父母关系破裂对于心智尚未成熟的孩子来说，确实是一个不小的打击，尤其是父母的争吵、冷战甚至是家暴，都会让孩子心生畏惧、产生自卑，在同学面前抬不起头来。但父母也有追求幸福的权利，所以，如果父母离婚，作为孩子的你，因该尽快调整心态，而不是沉浸其中，造成心理创伤。

10岁的形形很可爱，谁初次见到她，都会忍不住和她多说几句话，但接下来，形形就会表现出很悲伤的样子，甚至你怎么逗她，她都不笑，于是，很少有小伙伴和同学愿意和她玩。

其实，形形很可怜，她刚出生后，父母就离婚了，爸爸把她交给保姆带，而这个保姆除了定时给形形做饭外，也不怎么和形形说话。现在的形形已经形成了一种悲观的性格，她渴望被人关心，渴望和人说话。

从心理学的角度来分析，形形之所以容易悲伤是和父母对她的教育有极大关系的，她的父母因为离婚而没有给她足够的爱，正是因为对爱的渴望让她逐渐养成了这种性格。

不得不说，孩子都是脆弱的，他们犹如一张白纸，养育者给他们怎样的成长环境，他们就会有什么样的性格，而养育者只有细心的呵护，他们才会以积极阳光的心态、自信的精神面貌对待生活中的任何事。而如果父母离异，在孩子幼小的心灵里，他们会认为家庭破碎，从而缺乏安全感，此时，如果他们得不到父母的关心，就更会认为自己被父母遗弃，小小的心灵蒙上一层阴影，这会成为他们一生都很难被治愈的心灵创伤。

这天，在心理咨询室，有个十几岁的男孩来寻求医生的帮助，他说："这一年，家里发生了很多事。一年前，我就发现爸妈不像从前那么亲密了，他们经常吵架，有时候爸爸经常不回家，妈妈就哭到深夜，夜里我起来的时候还听见她的抽泣声，我不知道怎么帮助她。终于，前几天，他们把我叫到旁边，然后告诉我，他们离婚了。他们说，他们会继续供我读书……我听完后好难受，真想跳楼自杀，我以后怎么办？为什么不能和从前一样一家人开开心心地生活呢……"

"其实，应该体谅父母对不对？既然我们都爱爸爸妈妈，就应该让他们都好过。如果赖着不让他们分开，未免有些残忍和任性。家长都是思想成熟的人，做出决定也不是说着玩的，他们一定都考虑了很长时间，分开也是很难过的。而且他们都很关心你，最不希望你因此而伤心难过。为了爸爸妈妈你也要振作！如果你想让他们重新和好，这也需要时间，但首要任务是让爸爸妈妈看到一个坚强懂事的你才好。"医生这样开导他。

那么面对父母离异，作为子女的你该如何自我调节呢？

首先，在有可能的情况下，帮助父母重归于好。你应当用真诚心、孝心和耐心尽力劝父母不要离婚，这会真正帮到父母。

因为一个幸福的婚姻对家庭，无论是对你自身的成长还是对父母的生活、对事业的影响太大太大了。你要告诉父母的是，要想婚姻幸福，不管你的结婚对象是谁，没有别的方法，只有靠包容，靠扶持。只看对方优点，不看对方缺点。只反省自己的缺点，只找对方好处。

你要劝爸爸心量大些。人们常说男子要刚，这个"刚"就是"包容"，劝爸爸一定要当得起"大丈夫"三个字，多包容妈妈。多看妈妈的优点，遇事不要争论，等事过境迁，场合合适时，私下里再把道理讲给妈妈。能大义包容，又深明道理，妈妈心中一定会佩服爸爸。

同时你要劝妈妈也要看破、放下，过去的事情就让他过去了。人们常说女子要柔和，"柔和"也是包容，对爸爸要有包容心，心中有主意，做法上能屈能伸。要多尊重爸爸，要多看爸爸的优点，遇事心平气和，不要争论，等待时机再交流看法。

另外，你要做个好孩子，对爸爸妈妈要恭敬孝顺，多关心自己的爸爸妈妈，多帮忙做家务，平常言行中如果有对父母的不尊重的地方，要向爸爸妈妈忏悔。多找爸爸妈妈的好处，同时劝导父母各找对方的优点，越多越好。

你一定要用诚心和孝心来劝导父母。他们有你这样的好孩子，也许会回心转意的。当然，在父母心意已决的情况下，你要做的就是心态平和地接受，父母还是爱你的，只是他们不在一起生活了，切不可因为父母离婚的事而意志消沉，要把精力放到学习上，等你长大后，你便能理解父母了。

批评和打压——我真的就毫无优点吗？

有人说，人活于世，靠的就是自信。只有自信才能让你看到人生的航向，找到前进的目标，让你找到真实的自我，而如果一个人缺乏自信心，他就会过得昏昏沉沉，迷失自我，甚至被世界所遗忘。自古以来，那些成功者，为什么能实现自己的人生目标？因为自信！因为自信是成功人生的奠基石，自信是成功的第一秘诀。

事实上，每个孩子天生是自信的，但一些孩子在接受的后天教育中，经常被父母打压和批评等，以至于开始变得胆小、自卑、消极，这对于他们的成长是极为不利的。现在，你可以来回忆一下，你是否有这样的经历，当你拿九十分的试卷回家给妈妈看时，你原本以为她会夸奖你，但没想到她说："你看，才九十分，考个满分就这么难吗？"当你好不容易做好了一个手工，妈妈却说："难看死了，做的什么东西！"你明明很喜欢唱歌，妈妈却说："唱什么歌，学习才是最重要的，快，学习去。"……长期处于这样打压下，你还有积极性和自信吗？很明显答案是否定的。

吴老师最近遇到一个家长，这位家长是在离学校不远的某单位上班，她每天都等吴老师下班，然后找吴老师一起回家，其实，吴老师明白，她是想跟她儿子的老师多聊聊。

一路上，吴老师总是听到她在埋怨她的儿子，基本都是情绪发泄。而其中很重要的一条就是，她的儿子自从上了一年级后，好像开始把家只当成一个睡觉的地方，也很少和父母交流，平时让他做什么，也开始敷衍了事。

吴老师一直听着，等到她讲完后，吴老师就反问她："其实，你遇到的这个问题，我听不少家长说过，孩子到了这个年龄，独立性增加，他们比从前更需要肯定和理解，先不说这个，你说说你儿子的优点吧。"

"吴老师，您真会开玩笑，他哪有优点，他身上都是缺点。"

"是吗？您儿子是我的学生，我比较了解，你儿子学习成绩很好啊，对人很有礼貌，长得也很帅，乐于助人。"听完吴老师的话，她一一点头。

"现在，您应该知道您的儿子为什么不和您说心里话了吧，作为家长，只有把孩子当朋友，了解孩子，理解孩子，尊重孩子，并看到孩子的闪光点，和孩子心连心，孩子才会愿意和你打开心扉。"

从那天以后，这位家长再也没为儿子找过吴老师了。

生活中，我们有多少家长和案例中的这位家长一样呢？儿童在成长的过程中，最需要的是来自父母给予的安全感，而这一份安全感的重要表现就是来自父母的肯定，如果紧盯着孩子的缺点和不足看，无疑是对儿童自信心的打击。

的确，每位家长也都希望自己的孩子能够出人头地，成为社会上的有用之人，在这一殷切的希望下，不少父母在孩子还在幼儿园时就严加管教，认为"棍棒下出人才"，他们总是盯着孩子的缺点和不足看，他们认为这样督促孩子进步，结果却适得其反，在父母长时间的打压下，这些孩子如果不能接纳和调整自我，那么，很容易认为自己毫无优点，甚至产生严重的无用感，他们有这样一些表现：有些孩子在人群聚集的场合无法参与谈话，想表达自己心里的想法，但又张不开口，甚至害怕自己的发音不准。他们开始讨厌自己，认为自己很没用，在整个交际过程中，他都处于一种紧张的状态。这对孩子的成长是十分不利的，这些孩子往往十分脆弱、常常自卑、又具有极力压抑自己的恶习；他们摆脱不了挫折的阴影，或者干脆躲在阴影中看这个世界。

我们且不谈论家长该如何改正自己的教养方式，作为这些孩子自身，在被父母长期打压和批评的情况下，有必要和父母多沟通，并且要正视自己的优点，也才能发挥自己的价值。

为此，教育心理学家给这些因被打压而自卑的孩子们这样一些建议：

1.学会正确评价自我

你要充分认识自己的能力、素质和心理特点，你不必不夸大自己的缺点，也不抹杀自己的长处，这样才能确立恰当的追求目标。特别要注意对缺陷的弥补和优点的发扬，将自卑的压力变为发挥优势的动力，从自卑中超越。

2.昂首挺胸挺胸，快步行走

许多心理学家认为，人们行走的姿势、步伐与其心理状态有一定关系。懒散的姿势、缓慢的步伐是情绪低落的表现，是对自己、对工作以及对别人不愉快感受的反映。步伐轻快敏捷，身姿昂首挺胸，会给人带来明朗的心境，会使自卑逃遁，自信滋生。

3.要看到自己的进步

也许今天的你考五十分，你不可能明天就考一百分。但你要不断努力，要看到自己的进步，如果你看不到自己的努力，就会怀疑自己的能力，进而产生自卑情绪。

4.提高勇气

比如，你可以进行自我提示：我并非弱者，我并不比别人差，别人能做到的我经过努力也能做到。认准了的事就要坚持做下去，争取成功；不断的成功又能使你看到自己的力量，自卑转为自信。

5.多大胆尝试

孩子天生对外界事物充满好奇心，他们很喜欢尝试，对此，你可以培养自己尝试的积极性，即便是做错了，也不要气馁，排除挫折，远离无助感。

总之，如果你总是用消极的心态对待一切事情，那不但什么事情都做不好，而且还会使自己产生无能、绝望的情绪。所以，在日常的生活中，遇事要多向积极的方面考虑、用乐观的心态看待一切事情等。当你拥有积极的心态后，往往就能很自然地保持积极的自我情感体验了。

第03章

与自己对话：与我的内在小孩对话

提到心理创伤，一些青少年可能认为，只有那些有心理疾病的人才有心理创伤，其实不然，心理学家认为，心理问题几乎普遍到每个人身上。而受伤的原因表现的症状则是形形色色的。我们将其称为"内在小孩"，在每个人心中，都住着一个内在小孩，它是你自卑、恐惧、焦虑的根源，认识和接纳你的内在小孩，你才有可能实现理解和突破，才会真正地长大。

🔅 觉察自己，每个人都有"内在小孩"

关于"内心小孩"的概念，最早是由荣格提出的：内在小孩是从潜意识、人类本性的深处所诞生，它代表的是人的潜意识中最为强大的冲动，是内心最原始、最渴望的自我欲望，而这种想要自我了解的力量是一种自然规律，因此具有强大的力量，心里学家在从事一些精神分析和心理咨询的工作中，经常会提到这一概念。

对于内在小孩，不同的学习或理论给出了不一样的诠释，但总的来说"内在小孩"是一种隐喻。一些人虽然在身体上成熟了，但是却因为在小时候需求没有得到满足、情绪不被允许或者遭受过一些伤害，在他们的内心，依然保留着一个脆弱、受伤、需要被关心的童稚小孩，这就是"内在小孩"。

在儿时成长的经验中，需求没被满足而导致的情绪、感受和态度，会被带到成年后的生活中影响我们的身体、心理、关系、感情、工作，甚至左右我们所做的一切，并且在现实生活中制造困境和问题。成年时期出现的心理、精神甚至身体症状，其实很多是内在小孩受伤的反应。

例如，在我们5岁时，受到很深的伤害，那时的我们所感受到的愤怒、悲伤、恐惧，对于现在已是成人的我们，早已是过去的情感，可是当时情绪感受太强烈，以至于深深烙刻在我们幼小心灵的深处，5岁的小孩便一直留在我们的内心。他需要通过已是成人的我们找到他，聆听他对那个情感的倾诉，并协助他长大。

在精神分析与心理咨询中，通常将"内在小孩"分为了五大类：

第一种类型是将内在小孩隐喻为过去的创伤记忆，而这些创伤记忆投射到了内在小孩身上。

第一种观点是将儿童的自我状态看成是一个整体，以此来代表过去的创伤记忆；另一种观点将内在小孩按照时间先后分为婴儿期、幼儿期、学前期及学龄期四个阶段，并且辅以一系列的调查问卷，以此来帮助当事人认识个人发生创伤的可能时间。

这两种观点皆认为由于内在小孩代表的是一种创伤记忆，内在小孩是不成熟的、容易害怕与焦虑的，只有让内心小孩得到抚慰与照顾，他才能长大。这种情况，最重要的是找出那段创伤记忆，这个记忆可以是对事件的记忆，或单只是情绪的记忆（感到痛苦，但至于发生什么事却不记得了），以成熟的成人自我或内在父母来抚慰受创的内在小孩，让内在小孩变得成熟，不再焦虑和害怕。

第二种类型以内在小孩隐喻为童年期未受伤的自我状态，认为内在小孩概念较类似所谓的赤子之心，是未受伤的童年期自我状态。

随着社会化的过程，人们认为成熟即是不要孩子气，因此开始嫌弃内在小孩，隐藏心中那种自发的、爱玩的、天真的情绪逐渐与内在小孩分离最后引发情绪问题。

因此治疗目标即在"找回童心"，治疗师应帮助来访者找寻一个适当的情境，重新创造来访者在孩提时所曾有过的感受（尤其是与父母相处有关的好坏感受），让来访者感受到归属与回家的感觉。

第三种类型为以内在小孩隐喻为一种超越的存在状态，是一种"神圣小孩"，形容人的超越意识。神圣小孩面对外界一方面表现得很无助，另一方面又渴望自己拥有超常的力量。

和前面两种叙述不同之处在于，内在小孩兼具痛苦与超越两种特性，在面对现实的挑战与生活的折磨时是痛苦的，再反观内心，面对内在时，又能感受存在本身的超越力量。

因此，所谓治疗，并非只是抚慰痛苦的过去记忆，或是恢复童稚时的天真，而是避免依着心中的恐惧及欲望，或潜意识中的冲突生活，同时更要回归内在本心，遵从神圣小孩的引领与期望，感受自身存在经验的超越力量。

在这里，内在小孩就不是个需要被照顾的对象，而是具有纯洁灵性的存在，能做为当事人人生的指引者的，当事人是反被内在小孩所引领的，和前两种类型相当不同。

上述三种类型其实已包含了三个重要的心理治疗目标：治疗过去创伤、恢复自发与纯真本性及学习纪律与接受指引。一个成熟健康的人，在这三个方面都有积极的表现，心里学家要让当事人达到这样一个治疗目标：对与曾有过的心理创伤应能适当治疗；对于过度压抑的自我应逐渐放松；对于身处社会情境中却缺乏自律与体贴他人的人，也需要给予基本及适当程度的社会化训练。

第四种类型视内在小孩为次人格的一种：次人格指基于生存的需要，而在生命中某一时刻留存的行为、感受或想法的整体。

次人格的数量无限多，通常治疗师会鼓励来访者以一种象征性的名词来称呼其各种次人格，如"受害者""超人""小公主""受伤的小孩""关爱的父母"等，所有的次人格皆应统合于超越次人格的自我之下，人会有问题，是因为过于认同或过于忽视某一或某些次人格，同时缺乏整合各种次人格的能力。

视内在小孩为次人格的一种，也就是认可一个前提：即内在小孩的数目很多，而前三类都认为内在小孩只有一个，一个人可以同时拥有多个"受伤的内在小孩"。比如"渴望父爱的内在小孩""追求自由的内在小孩""暴燥没耐性的内在小孩",这些小孩同时存在于一个人的心中,彼此对话、争执、冲突,造成了心理上的困扰。

所谓治疗,即是协助来访者的内在小孩彼此真诚对话,让来访者在超越自我的心理位置上,整合所有内在小孩的需要。

第五种类型认为内在小孩是指一种从受伤到康复的疗愈过程,是指个人和其他人之间的关系。

每个人小时候都会遇到挫折和创伤,一些能记起,一些不记得,一些虽然已经记忆模糊,但却留在了我们的身体里。对于青少年朋友来说,了解了内在小孩,最重要的是觉察自己的内在,可以是童年的自己,可以是一种创伤记忆,可以是一个小孩,也可以是多个小孩。但无论是哪一种,都需要你去感受他们,了解自己,接受自己,然后治愈自己,帮助自己成长。

了解内在小孩,理解它对于你意味着什么

前面一节中,我们已经分析了"内在小孩"对于青少年成长的重要性,内在小孩在心理学中有三个部分的定义:

1.被压抑的情绪

幼儿因为语言能力未全部开发、表达能力不足，对自己内心的感受、情绪无法像成人一样自由自在地表达出来，容易遗留下来种种情绪并沉入潜意识。健康的人不会选择那些导致痛苦、抑郁、焦虑等方式，但为什么很多人依旧在这么做？那是因为他们被过去的经验操控了，而不是自己选择。

2.没有满足的需求

幼儿生活的世界比成人小，活动的范围也小，他们缺乏人生经验，发生问题时会从自己仅有的经验来理解，而无法客观全面地看待，而且幼儿的心理防御机制还没有形成，受外在的冲击刺激会较大，所以孩子很容易受伤。

所谓的受伤，也是孩子用自己当时的高度来理解，比如说父母陪伴和照顾自己的时间不够，其实并不是因为不爱他，而是父母需要花费大量时间来养家，但是由于这个未满足的需求让孩子心里很受伤。

3.逐渐形成了自己的核心价值观（幼儿决断）

由于孩子对父母的误读而形成的观点、信念会融入我们的价值观系统，比如："我是不值得被人爱的""我是笨的""我不会成功""我不可能有出息"等。成年后这些过时的价值观会一直左右我们的生活。

比如在亲密关系中，如果遇到危机，这个核心价值观就会自动启动，我们可能会逃离这个关系；也可能为了抓住这份爱，不惜忍受更大的痛苦，从而无法得到健康的亲密关系。

其实，每个人的内心都有一位年幼且受伤的小孩。所有人在童年都经历过困难，甚至是创伤。为了保护自己，以防将来再受痛苦，我们尝试忘记从前的痛苦。每次触及痛苦的经历，我们都以为自己会无法忍受，因而将感受与记忆深深埋藏在潜意识内。几十年来，我们可能因此不敢面对自己的内在小孩。

但是，忽视这个小孩并不表示他不存在。这位受伤的小孩一直在那里，期待着我们的关注。小孩说："我在这里，我在这里，你不能避开我，你不能逃离我。"

成年后，我们将小孩搁置到内心深处，并尽量将其与自己隔绝开来，希望借此停止我们的痛苦。但逃避不是办法，反而让痛苦加深和延续，受伤的内在小孩向我们伸出求助的双手，希望我们能关爱他，但我们却因害怕而选择了逃避，好像我们无法面对内在纠结的痛苦与悲伤，即使有时间，我们也不愿回顾自己的内在。我们情愿让自己持续接触外在的刺激：看电视或电影、参加社交活动、喝酒甚至作出越界的行为，我们不想再次感受以前的痛苦。

受伤的小孩就在我们的内心，但我们却觉察不到他的存在。无法觉察，即是无明。那小孩也许正受伤严重，急切地需要我们回到内在，但我们却选择了远离。无明，存在于我们的身体和意识的每一个细胞内，就像一滴墨汁溶入一杯水之中。无明导致我们看不到事实：它会驱使我们做出愚蠢的事情，让我们受到更多的痛苦，也令内在的小孩再次受到伤害。

对于青少年来说，如果想要健康快乐地成长，也要学会不再受过去情感的影响，而对内在小孩的认识和理解也是在成长过程中必经的一步。当我们开始察觉自己遗忘了内在受伤的小孩时，我们会对这个小孩充满慈悲，也因此生出正念的能量。正念步行、正念静坐和正念呼吸的修炼，是我们修行的基础。通过正念呼吸和正念的步伐，我们能够滋养正念的能量，并唤醒存在于身体细胞内的觉醒智慧。正念的能量将拥抱并疗愈我们，同时疗愈我们内在的受伤的小孩。

认识多个层面的自我，了解内在小孩有哪些类型

心理学家认为，内在小孩创伤，几乎普遍到每个人身上都不可避免。而受伤的原因，表现的症状则是形形色色。首先，什么是内在小孩？

心理学家发现，在疗愈中出现的内在小孩，大多以受伤的情绪和感受型自我形式出现。这里首先要说的是，内在小孩是我们内在的与情绪和感受相关方面。有很多朋友在疗愈之初，会把内在小孩当成真实自我，而把成人自我排斥掉，这是非常片面的。我们内在有很多个层面的自我，并没有哪个更真实，都是需要被看到和整合的。

疗愈中，内在小孩根据不同情况来看，又可以分为不同类型。

第一类可以叫作冷漠型，这样的内在小孩的身心基本处于被封存的状态，在长时间忽略自己内心感受的疗愈初期会比较常见。具体表现为拒绝交流，表现得极为冷漠，处于情感隔离状态。

这种状态对小孩来说，是一种自我保护，在我们幼小的时候，面对复杂的环境，感觉到来自外界的伤害却又无力自保，唯一能做的就是将自己隔离开，让自己尽量少的对外界的刺激产生反应，这是一种当时所能做的保护自己的方式。

这种自我保护的方式会随着年龄的增加而遗留下来，也会造成自己和他人之间的沟通不畅。任何与他人的关系，归根结底，都是与自己的关系。当我们的内在拒绝沟通和交流时，他人很难与我们建立真切的连接，也很难走进我们的内心。而内在小孩的封闭，导致的是跟自己感受层的断裂。在这种状态里，有些人对自己从身体感受到心情状态都是麻木的，而在自己没有关注到内心的时候，甚至感受不到这个断裂和麻木。

冷漠型内在小孩还可能有一种衍生状态，就是恐怖型。一方面是由于长期被忽略的情感隔离，感觉不到爱甚至任何情绪；另一方面是由于内心对这种状况非常的恐惧，长此以往，内在小孩就演化成了这种状态。

所以，内在小孩处于这种状态的情况下，解冻、逐步的与其建立连接，常常是所有疗愈的第一步，否则任何的身心感受都无法深入。

第二类可以叫做情绪型。这种类型的小孩大多比较情绪化，喜怒哀乐都会挂在脸上，经常表现出剧烈的情绪，此时，他们已经学会如何表达自我了，并且能够提出要求，引导者也能够与这个内在小孩相连接，感受到这个孩子的真实感受。不过，这一情况会引发新的问题，就是对情绪和创伤的过度认同，仍需要完整的自我疗愈与成长，否则可能丢失承认自我，造成内在小孩掌控人生的状况，也会陷入混乱。这时候的内在小孩又可能分为几种。

一是愤怒型，这种小孩一般表达最激烈，情绪最狂躁，但同时具有这样的内在小孩的案主通过疗愈后，也会比较容易打开心结。

二是依赖型，这类内在小孩特别的娇弱，完全无力，如同玻璃娃娃，一般这种小孩的表现是哭，要被保护、呵护、拥抱、照顾。这类小孩表达的方式会相对比较和缓，相对容易进入疗愈状态。

三是羞耻型，这类内在小孩有很强的自我羞耻意识，甚至可能觉得自己是罪恶的，是不该存在的。这类小孩可能存在的一种症状是自我破坏，不断破坏自己的生活，甚至自残。通常用这种方式来使自己的愧疚得到纾解，并希望以此来对别人赎罪。

四是拯救者型，这类内在小孩跟上面一种有某些类似，但他们的驱动力不是羞耻，而是很强的责任感，要跟随别人一起受苦。

五是自我型，这类内在小孩比较少见，但也的确存在。这种小孩通常比成年人更有力量，很有主见，常常会跳出来较小霸王的一个小孩，对成年自我比较不屑，有时候也伴随愤怒。这种情况经常出现在性格变化比较大的人身上，有些案主比较倔强自主，长大后，反而性格变得绵软无力，不同层面的人格，也导致了内在小孩对成人的不认同和矛盾冲突。

上述几种类型并不一定是孤立的，而很可能是同时存在一种或几种类型的内在小孩。从这个角度来讲，我们可以说内在小孩有多个的。首先可能有不同类型的内在小孩，其次也可能有不同年龄段的内在小孩，需要我们去逐步的疗愈。

疗愈中的内在小孩，以上述两大类为主，也有的内在小孩充满智慧，甚至会给我们带来指引。

你已经长大，为何"内在小孩"仍然让你毫无招架之力

这是一名职场女白领的自述：

这是我第一百次想辞职了，我特别想直接将资料甩在领导的脸上，我想告诉客户说："我不伺候你了"，我想回家睡觉，我想出去旅行，我想提前换一份轻松点的工作，让领导和那些同事抓瞎。

然而，无论我在脑中构造了多少种辞职的场景，第二天闹钟一响，我还是会乖乖地硬着头皮上班，还是要面对一些我不喜欢的人和事。我为什么那么懦弱，为什么无法改变，为什么没有魄力？为什么我总是别无选择……

因为对于她来说，改变太难了，一旦改变，就意味着她要从自己的舒适区走出去，走向那个陌生的领域，这是一种让她极为不舒服的感觉。

这种心理在那些自卑的人身上尤为明显，当他们进入一个陌生的环境中，就会感到巨大的危险，这种感觉会让他产生强烈的失控感，让人焦虑。

而这种焦虑情绪，则是来自于童年，在不安的环境中形成的紧张记忆，成为我们内在小孩最恐惧的感知体验，深深地刻在了脑海的深处。成年之后，一旦我们再次处于这样不安的情境下，头脑中的这类紧张记忆会再次被激发出来，从而导致情绪失调，并且让我们的认知和行为也随之变形。

对于青少年或者成人来说，现在的你已经长大了，不再是童年的那个小孩，如果单纯从理性角度看，现在的你足以对抗那些周遭"威胁"，比如父母的指责、上司的苛责、朋友的嘲讽和打击以及陌生人的不友善等。从理论上来说，你完全可以做到，因为你已经有了对抗和自保的能力，但遗憾的是，每次在遭遇"威胁"时，你依旧毫无招架之力，依然还在用逃避和退缩来被动地应付。

所以，你需要清醒地认识到，这个放大危险且反应过度的人，并不是当下的你，而是曾经那个受伤的小孩。这个内在小孩是曾经那个最懦弱渺小的你，一旦遭遇类似童年创伤的情绪，那个内在小孩马上就会跳出来带着你一起躲避。

现在，你可以闭上你的眼睛，试着回忆曾经那个藏在内心深处的受伤小孩，回忆那些不堪回首的童年记忆，你是不是顿时感到眼睛潮湿，甚至不禁落下泪来。

那个内在小孩才是真正的你，当你发现他的存在时，你大概也就能理解自己为什么会有那样的情绪了。曾经幼小的你，成长于一个粗暴、冷漠的环境下，那时候的你无助、恐惧，总是想逃离，你会认为，只要躲起来就是安全的了。

只要你离开那个安全区域，你的内心就会充满焦虑，你的内在小孩就会跳出来警告和提醒你让你赶紧退回去，此时，你的认知已经逐渐被这个内在小孩掌控了，导致情绪紧张，甚至做出平时都不曾有的应激举动，而这些反应又会加剧你的自卑。久而久之，你就会变得越来越胆小懦弱了。

对于成长期的青少年来说，如果你也无法寻求突破和改变，那么你该好好与身体里的那个内在小孩对话了，看看是不是内在小孩在左右着你，是不是自卑感作祟，你要明白，自卑感并不是变态的象征，而是个人在追求优越地位时一种正常的发展过程。但如果能以自卑感为前提，寻求卓越，那么，我们是能实现自我超越和获得成就的。我们每个人要想获得快乐和成功，第一步要做的就是超越因自身某方面的不足而带来的自卑感。

心理专家指出，人们自卑感的产生，很多时候是消极暗示的产物，也就是说，如果我们多给自己积极的暗示，那么就可以提高自信心。

自卑不仅是一种情绪，也是一种长期存在的心理状态。有自卑心理的人，在行走于世的过程中，他们的心理包袱会越来越重，直至压得人喘不过气。它会让人心情低沉，郁郁寡欢。因为不能正确看待自己、评价自己，他们常害怕别人看不起自己而不愿与人交往，也不愿参与竞争，只想远离人群。他们缺少朋友，甚至自疚、自责、自罪；他们做事缺乏信心，优柔寡断，毫无竞争意识，享受不到成功的喜悦和欢乐，因而感到疲惫、心灰意冷。

如果一个人在社会生活中，把自己看作低人一等，没有价值的人，那么他就会产生自卑感，做事缺乏信心，没有主动性和积极性，其结果，无论做什么事情都难以保证质量。

对于青少年朋友，消除根植于内心的自卑十分重要，只有自信了，内在的小孩才会为你让步，而要消除自卑感，首先就需要你看到自己的独特之处。每个人都是完全不同的个体，没有任何人是一无是处的，自信是一种认知的开始，因为透过自我观照，才能了解自己的专长、能力和才华，这样，你的自信便会不断储备，自卑也就无处遁形。

安慰那个受伤的内在小孩，修复童年创伤

生活中的青少年朋友们，你是否时常感觉生活痛苦，有强烈的无力感、挫折感，其实有这样一些反应，很可能是因为你有童年创伤，你的内心住着一个受伤的"内在小孩"，一旦遭遇挫折痛苦或者挑战，这个内在小孩就会跳出来，所以，修复你的心灵，首先你要学会安慰那个内在小孩。

教育心理学家称，有童年创伤的人通常有以下最常见的特征：

1.内心过于敏感

心理学的研究表明，在暴力和压抑家庭环境下成长的人，与同龄人相比更善于洞察人心，内心也更加敏感多疑。因为长期的压抑和被虐待，让他们过早的"成熟"，从小他们就需要通过揣摩别人的心思，来保护自己不受到伤害。而那些成长环境良好的人，在洞察人心方面可能会差很多，同时也不会过度敏感，太在意别人的想法。

2.害怕与别人冲突

受到过心理虐待的人，小时候经常不敢表达自己的感受和想法。这导致他们害怕与他人争执，害怕与人发生矛盾。在日常生活中，他们总是保持中立，战战兢兢，不敢轻易表达自己的观点，也不敢拒绝他人，往往是委屈自己，不敢作为。

3.不善于与人交流，甚至是有社交恐惧

基本上所有的心理伤害，都是因为家庭成员之间交流有问题造成的。如果在亲子关系中，双方的交流方式是威胁的、强制的、缺少尊重的，那么强势的一方很容易伤害弱势的一方。所以，存在心理创伤的人，很多都缺少和别人正常交流的基本能力。在人际交往中，往往是讨好、指责、冷漠，同时或多或少有些性格孤僻，害怕与人交往。

4.缺少爱的能力

有些人，一方面无法去爱别人，另一方面也无法去感受和接受别人的爱。他们会下意识地排斥接纳别人。即使与他人建立了亲密关系，他们往往也会感到焦虑不安。

5.容易伤害到身边的人

一个人童年如果经常受到父母的伤害，那么他很可能会下意识地用伤害别人的方式和他人建立关系。心理有阴影的人，往往充满了攻击性，为人非常的偏激、固执。可怕的是，很多时候他们可能不想去伤害身边的人，可是总会下意识对别人造成伤害，这让他们很困惑也无能为力。

存在上面这五个特征的人，一般在早年都受到过比较严重的心理伤害。可能你意识里已经不记得那些事情了，可是它们依然存在，而且会持久地影响着你的感受和行为。

童年，应该是我们任何一个人与父母和家人亲密接触、了解自己、探索自己，与周围建立安全稳定的情感连接并学会照顾自己和独立自主的阶段，不过，当我们回想起童年，你可能会发现，一些事情一旦在你的脑海中重现，总是有不少遗憾。平时，在忙碌的工作、学习和生活中，这些内心的情绪可能会被压抑，你会意识不到过去是怎样影响到现在的，童年受到忽视、虐待、不被接纳的经历，会影响我们的个人价值，从而产生羞耻感、内疚感、脆弱感，与父母之间的"有毒关系"模式，也会延续到往后的人际关系甚至亲密关系中。如果我们在家里不被允许表达情感和想法，久而久之，可能就会变成一个"没有想法"或"没有感情"的人，在遇到问题或困难挑战的时候，可能会自我逃避、自我责备，缺乏持续努力的动力，长此以往就自卑和自我封闭了。

　　有时候我们没有意识到，这些应对问题的行为模式，都是幼时与家长相处模式的延伸与演变。要治愈童年创伤给我们带来的影响，首先要做的是意识到它们的存在，了解它们的发生或反应模式，接下来可以做的，还有以下这些：

　　第一，允许自己为"不理想的童年"哀悼。很多成年人心里其实一直对过去的不幸经历难以释怀，觉得是自己的错，因此不断折磨自己，却因为隐藏得很深，表面上看起来好像一点事情都没有。有些在创伤性的糟糕环境中成长起来的孩子，总是为了掩盖自己脆弱的一面，会不计代价地逞强，用坏脾气和愤怒武装自己，在面对压力的时候，很难冷静理智地去面对。心理学描述哀悼的完成，需要经过五个阶段：否认、愤怒、讨价还价（"为什么?为什么要这样？能不能不要这样？能不能改变？"）、沮丧和最后的接纳。给自己足够的耐心，让自己能够慢慢地沿着这个路线，完成对自己从未获得的"理想童年"的哀悼，是成长中很重要的部分。

第二，远离会给你带来不幸的人或环境。就像是处于肮脏的环境，会让伤口反复感染一样，对于会给我们带来不幸的人，我们要尽可能地远离，如果不能立刻远离，也要学会更好地保护自己，尽量减少伤害，有意培养自我能量，并且积极寻求外界资源帮助。

第三，安全感的改善是疗愈关键。拥有不幸童年的人，对于抚育者都有强烈的不信任感，这种不信任感会蔓延到生活中的其他人事关系当中，例如，容易感觉到焦虑，觉得需要控制一切，所有的事情都要按部就班地进行，否则生活就会有一种要分崩离析的感觉；又或者，频繁地搬家、换工作、无法维持长久的关系、难以信任任何人，包括朋友和伴侣等，无论是通过自我疗愈，还是心理咨询的方式去做改善，都是一个核心关键问题。

第04章

探寻：内在小孩是如何受伤的

在成长中的青少年乃至所有人的内心，都住着一个内在小孩，这个内在小孩或是悲伤的，或是委屈的，或是孤独的，或是焦虑的，因为它曾经受过伤，要疗愈这个内在小孩，每个孩子都要尝试认识和了解它是怎样受伤的，只有这样才能对症下药，找到最佳的解决方案。

🔮 爱的伤痛——没有得到无条件的爱

生活中，有人常说"幸运的人一生都被童年治愈，而不幸的人却要用一生去治愈童年"。一些人在童年时被父母冷漠对待，成年后也以这样的方式对待别人，这样就不知不觉地走上了父母的老路。其实这些行为都是自身的内在小孩在作祟。

孩子天生易于接受爱和温情，孩子首先必须被爱，然后才能爱人。他们通过被爱学会如何去爱。如果孩子本身没有得到爱，就会缺乏自我意识，依赖性变强，永远也无法形成真我。没有得到无条件的爱，是孩子遭受的最严重的缺失。

小芸是一名高校老师，周围人都说她嫁的不错，男方长的眉清目秀，家里条件也很好，让她的一些小姐妹们一度羡慕得不行。可是婚后几年，当大家再次聚在一起时，她表现出憔悴不堪的样子，她泪眼汪汪地向小姐妹们诉说，丈夫早已和她分居好几年了，他对她和孩子也不管不顾。她不仅要照顾孩子还要负责还房贷。前阵子她大病了一场，做了一个手术，婆婆把他叫回来照顾自己，结果他只顾着打游戏，她想喝水还是护士倒给她的。

看着她声泪俱下，大家也义愤填膺，问她为什么不离婚。她摇摇头，说她会把孩子抚养大，等到他老了，她就可以折磨他了，让他后悔不已。她说她的母亲就是这样过来的，年轻的时候，父亲搬去和村里的寡妇同居，她母亲不仅要受到村里人的嘲笑，还要肩负起养家的重担。后来她父亲干活摔断了腿，寡妇把他赶了出去，他只好回家了，她母亲接纳了他，却每天对他恶语相向，她父亲却只能忍气吞声。她的人生仿佛复制了她母亲的人生，连做出的选择都是一样的。

父母就像一面镜子，但是有时它并没有照出孩子的价值，反而照出了父母的阴影，父母把自己的阴影投到了孩子的身上，使孩子一辈子都生活在父母的阴影之中。

小芸就是看到父母的每日争吵，父亲决绝地离开了她们，还有母亲的怨恨和眼泪都深深刻在了她的心里。她内在的小孩有被抛弃的感觉，在她潜意识里男人都是坏的，都是负心汉。

而在与他人发展亲密关系时，她呈现的也是一种抛弃和被抛弃的关系。她给自己"内定"了被抛弃命运，所以她被她的老公抛弃了，她反而格外坚强，从未想过要离开他。

小时候没有被父母善待，我们的内心一直想要找寻善待我们的"父母"，可是找来找去，最终还是找到了一段和父母一样命运的伴侣关系。

夫妻关系只是内在小孩的一个表现，它能照出我们的内在小孩是怎样受伤的，童年缺乏被父母无条件的爱，这种关系就会以创伤的方式传递下去，而这种关系是不由自主的，它是创伤的延续，也许会让自己的孩子也延续下去。

所以恰当、稳定和持续的爱是对孩子内在小孩形成非常重要的三个因素。

那么，作为青少年朋友来说，在缺乏爱的成长环境中应该如何活出新生的自我？

疗愈自己的一个很重要的办法就是了解自己、理解自己、理解某种关系。

①要能够了解自己的身体，明白自己身体发出的语言。

②在和自己对话的过程中，要更多地停留在自己和内在的对话中，理解另一个自己。

③要注意潜意识传递的信息。

④为自己找一个类似镜子的客体。如果你的父母不是一面好的镜子，你就需要在你的生活中去找这样的一个人。

一个有创伤的内在小孩会对一个人的一生和人生的方方面面造成极大的影响，也决定了他们的命运走向，甚至决定了他们孩子的命运走向。

所以让我们直面自己内在小孩，识别自己曾经有过的创伤，和父母、家人建立爱的关系，可以不断调整自己，发展新的关系，通过疗愈创伤获得新的生活经验和新的领悟，带着健康的内心小孩开启新生。

🍼 孤独——缺乏陪伴的受伤小孩

不得不说，在现代社会，有一群特殊的儿童：留守儿童。这些孩子从出生后就被祖辈照顾，缺少父母的陪伴，我们发现，这些孩子要么特别黏人，要么爱作爱闹，即使他们成年了，也有这样的表现，因此，教育心理学家认为，缺乏陪伴是很多人内在小孩受伤的重要原因。另外，我们发现，还有一个社会现象也造就了缺乏陪伴的孩子，那就是抱着手机的父母。陪伴的定义是什么？首先陪伴是一个有人在的感觉。留守儿童也有爷爷奶奶陪着，父母虽然抱着手机，但他们也是在孩子的身边，所以从这个意义上去说，孩子是不缺陪伴的。

陪伴的形式有很多种，比如孩子拥有钟爱的玩具、一个布偶，有些是一床小毯子，可以从小到大一直陪伴在他身边。陪伴还包括一个稳定的环境，方言、饮食、习俗等。很多父母亲由于工作的原因不能亲自抚养孩子，还有现在二胎开放以后，有两个孩子的家庭没有准确地处理好爱的次序，让孩子对陪伴的感受出现了缺失。

接下来，我们先说母爱的陪伴对于孩子的重要性。

一个母亲，如果不喜欢养育孩子，不认同自己的角色，会给孩子的成长带来诸多问题。母亲有保护孩子的本能，哪怕自然界的动物也是如此，甚至母爱的力量超过了饥饿感的驱动力。

所以，我们说，母爱有着伟大的力量，是个体追求优越感的一种方式，也是实现人生目标的一种形式，也会激发出个体的社会责任感。

一些人认为，既然母亲不合格，那么将孩子交由保姆或送到收容所来培育，行不行呢？这种想法是可笑的。

对于任何一个孩子来说，他们最先要想了解的人永远是母亲，这是不可被替代的。我们研究也发现，那些在收容所成长的孩子，对外界都表现得特别冷淡。其实，给孩子换一个环境，不如改变母亲自身。

在对那些收容所的孩子进行研究的时候，我们发现，这些孩子的生活状态并不理想，而将孩子交由养母或者有责任的保姆来培育的话则是好多了。这些孩子本来就是被遗弃，或者是孤儿或私生子，要想改变他们的心理状态，必须找到有责任心的人来养育。

我们可以发现，在一些重组家庭里，孩子不愿意接纳继母，哪怕继母做得再好，她还是走不进孩子的心。这是因为孩子最依赖的人是母亲，而母亲走后，这种依赖被转嫁到了父亲身上，而继母的出现，无疑对他们是一种威胁，他们认为继母抢走了父亲的爱，所以他们会产生嫉恨的心理，认为继母是自己的敌人。这一点很多继母没有认识到，面对孩子的抗拒，一开始她们很热心，但久而久之，她们的耐心磨灭完了，虽然最后她们征服了孩子，孩子好像也听话，但这只是表面现象。所以，对于继母而言，如果孩子就是不愿意信任你，而非要强求他，那么最后你什么也得不到，相反，假如你能认识到这一点，则会减少很多家庭矛盾。

而在家庭中，作为一名父亲，他所承担的三个角色是：丈夫、父亲和社会的公民。对于爱情、婚姻和事业，他应该有好的调控能力，在婚姻里，他应该平等对待自己的妻子，与其和谐、友好地相处，他应该理解妻子的角色，而不是认为自己是家里赚钱的人，所以可以对妻子颐指气使。要知道，男主外、女主内，只是分工不同，并没有高低贵贱之分，在一个家庭里，谁有能力谁赚钱，这不该成为影响家庭和谐的因素。

另外，父亲对于孩子的影响不可忽视，男人虽然承担了更突出的经济责任，为整个家庭赢得更好的社会地位，但是父亲也要多陪伴孩子。父亲与孩子的关系如何，会直接影响孩子的人生态度，父亲的工作态度对孩子的性格也会产影响。比如，父亲认真积极地工作，孩子就会积极、勇敢、坚强，所以，男人应该学会勇敢面对问题，并且训练出属于自己的处理问题方法，而不是光说不做，这样的男人只会让孩子感到失望。

那么，那些缺乏陪伴的孩子会有什么样的表现呢？一个表现就是特别粘滞的依恋关系，特别粘人，这个在女孩身上表现得特别明显。

还有一个表现就是特别作，心里明明很想要，嘴上却说着不要。

体罚——被打出来的逃避型小孩

在孩子成长的过程中，我们发现，孩子总会犯这样那样的错，对此，可能很多父母相信棍棒比说教更能让孩子牢记错误，当孩子犯错的时候，采取严厉的惩罚措施，甚至有体罚，体罚正是很多家长对孩子常用的方式，包括打挼、罚站、面壁等。由于体罚总伴随家长的情绪爆发，容易使孩子产生委屈情绪或逆反心理，甚至导致自信心丧失，这对于孩子的成长极为不利。

某心理学医生曾遇到一个15岁男孩，是家中唯一的儿子，他的父母都是勤奋的人，他们都努力工作，希望提升家中的物质条件，也一直关心男孩的身体健康，并给他提供好的生活条件，男孩的童年是快乐的。

男孩有个非常善良却软弱的母亲，她总爱哭，在心理医生与她的谈话中，医生发现她对孩子的提升方法也影响了孩子的性格，她在描述自己儿子时说他是个好动、诚实的好孩子、热爱家庭且自信。

小时候的他很不听话，为此父亲总说："如果我不瓦解他的顽劣，将来他要无法无天了。"这里，他的父亲使用了"瓦解"一词，意思不是引导男孩，而是一旦孩子淘气就运用武力解决，因此，年幼的孩子就开始反抗父母，想要成为家里的主人，他的身上同样有那些被宠坏的独生子女的问题，总想着主导他人，一旦他的父亲没有打他，他就绝不服从。

为了逃避父亲的惩罚，他学会了撒谎。撒谎是一个很严重的问题，而这也是他的母亲求助于心理医生的初衷，现在的他已经15岁了，但是父母根本不知道他平时说话哪句是真，哪句是假。

再继续询问后，医生了解到关于他的更多的信息，原来前段时间他在教会学校上学，他的老师也抱怨他淘气顽劣，无法好好听课，经常上课时打扰老师、不服从管教。比如，老师提问的对象不是他，他却回答了问题，或者打断老师讲课，再或者在班级内大声喧哗，他的行为已经开始超出界限了，他的父亲还是采用体罚的方式，但越是这样，他越是撒谎，一开始，他的父母还希望他能留下来继续学习，但是一段时间之后，他的老师告诉他们，这个男孩已经无可救药，学校也无法管教他了。

实际上，这个男孩看起来开朗大方，智商也得到了老师的认可。他从公立学校毕业后，不得不参加高中的入学考试。考试结束后，他的母亲一直在等待结果公布，后来他告诉母亲说自己通过了考试。家里的每个人都很高兴，还一起去度假，男孩也很开心。

一段时间后，男孩如期去高中学习，男孩表现得很乖巧，每天按时上学和回家，且每天中午回家吃饭，但是有一天，他的母亲陪他去往学校时，听到路上有人指着他说："看，就是那个男孩，今天早上是他带我找到了去车站的路。"母亲顿时愣住了，问男孩到底怎么回事？是不是今早没去学校？男孩回答说，学校放学很早，10点就下课了，下课了以后他才给人当向导的，母亲觉得他的话可疑，回家后就将这件事告诉了父亲，在父亲不停地逼问下，他终于"招供"：孩子没有通过入学考试，也从来没有去过高中，这些天来他就在街上闲逛。

后来，为了帮助孩子，他的父母给他请了家教，他也顺利通过了高中的考试，然而，即便如此，他的行为并没有改变，还是喜欢撒谎和捣乱，甚至开始做一些小偷小摸的行为，他从母亲那里偷了一些钱，但却不承认，最后，他的父亲说要送他去警察局，他才承认了自己的行为。

现在，他们要面对的事实是，他的父母已经完全不想再管他了，任他自生自灭，这让他痛苦不已。尤其是他的父亲，他一度认为自己的教育方式是正确的，但现在对他也彻底失望。现在，他用孤立孩子、让其独自一人的方式来惩罚这个男孩，他的父母也表示，从今以后再也不会再给他任何的关心了。

心理医生问男孩的母亲，男孩从什么时候开始出现问题时，她说从出生时就有了，所以她认为男孩的所有恶习是天生的。

她的母亲说："他在襁褓里时都就很不安分，总是哭个不停，可所有的医生都说，孩子很正常，也很健康。"

其实，婴儿啼哭很正常，尤其是这个案例中，男孩是家里唯一的孩子，母亲也是第一次养育孩子，孩子一般是尿湿了裤子，或者哪里不舒服才哭泣，但这位母亲只要听到孩子哭，就将孩子抱在怀里，不停地摇晃，给孩子吃东西。其实，她应当做的是找到孩子哭泣的真正原因，然后让孩子感到舒适。

他的母亲说，在说话、走路和长牙这些问题上，他都是正常的，不过他在玩玩具上有个习惯——在玩了玩具以后习惯性破坏掉，不过，即便如此，我们不能因为这一点就断定孩子行为不正常，我们留意到他的母亲说的一句话："他总是无法独处，即便是一分钟也办不到。"那么，作为母亲，如何让孩子学会独处呢？答案很简单，家长必须让孩子在没有成人打扰的状况下，一个人全神贯注。很显然，这个母亲没有做到这一点，后面，我们听到的一些言论证实了我们的想法。

例如，男孩总是想方设法为母亲找事做，让母亲停不下来，这也是他为了诱导母亲娇惯自己做的最初的试探，也对他后来的人生产生了极大的影响。

为什么会如此呢？这是在社会情感方面，他的母亲只提供了一部分刺激，他的父亲虽然严厉责罚他，但是他们都未能对孩子的社会情感给出进一步的引导，一直以来，他的社会情感都是围绕母亲进行的，因为他认为，只有母亲才会总是关注他。

因此，对于这一男孩来说，最重要是在心理医生的指导下塑造性格，重拾信心。另外，他需要扩大社会接触面才能弥补他的父母在对其社会情感教育方面的不足，他还要尝试与他的父亲和解，这些部分都不可操之过急，只要他能逐步转向社会生活，那么他的独立性就会增加。

委屈——被冤枉了，家长却不道歉

日常生活中，大人和孩子都避免不了做错事，但是这个过程中，我们发现，孩子向父母道歉的情况比父母向孩子道歉的情况要多。因为一般都觉得孩子容易做错事，父母也负有教导孩子的责任，要教导他们有礼貌，做错事就要道歉等；对于孩子来说，他们通常都不知道父母有错，也觉得父母不会那么容易做错事。父母则认为自己一般能做对，即使做错事了也不需要道歉，他们觉得自己处在一种比较高的地位。其实，这样做的直接后果是，让孩子感到委屈，且他们的内在小孩就这样受了伤，久而久之，孩子会变得自卑、唯唯诺诺、缺乏主见。

现代教育要求，作为养育者的家长和孩子相处，就是要求父母不能把教育放在绝对两极的位置，家长对孩子做错事了，说一句"对不起"。或许，碍于面子，有些家长知道是自己错了，还是硬撑着、扮强势。其实，向孩子说一句"对不起"，不会有损父母的权威，反而会构建起一个平等的交流平台。而更为重要的是，在这样平等的沟通中，孩子能感受到尊重和父母的爱，这对于保护孩子的内在小孩十分有必要。

小明的妈妈发现钱包少了50元钱，就一口咬定是小明拿了。小明说没拿。妈妈不信，先是"启发"孩子："需要钱可以向我要，但不能自己拿！"后来就越说越生气，警告小明："不经允许拿妈妈的钱，也算是偷！"小明不服气，母子俩就吵了起来。这时小明的爸爸回来了，忙解释说："钱是我拿的，还没来得及告诉你呢。"妈妈这才停止了对儿子的逼问，但又补上一句："小明，你可要记住，花钱要管妈妈要，可不能偷偷地自己拿啊。妈妈的钱可是有数的！"小明觉得受了不能容忍的侮辱，一气之下，离家出走了！

另一个例子：

小会的父亲急了，明天就要期中考试了，小会不在家温书，上哪儿玩去了？过了会儿，小会回来了。父亲没等小会解释，就数落开了。小会没言语，进屋学习去了。过了几天，隔壁的张叔叔忽然登门向小会表示谢意。原来那天张叔叔家来了电报，小会想一定有急事，于是赶紧把电报送到了张叔叔单位。电报上说，张奶奶病危，让张叔叔速归。就这样，张叔叔终于在妈妈临终前见了老人一面。小会爸爸一听才恍然大悟，十分后悔，那天不该如此武断地批评孩子。晚上，小会爸爸请小会坐下，十分诚恳地做了自我批评，向孩子道歉。这事之后，小会更爱爸爸了。

上面两个事例，一反一正，给人以启迪。在家庭生活中，家长说错了话，办错了事，甚至冤枉了孩子，都是难免的，关键是发生问题后家长该怎样处理。家长和孩子相处，应该是民主平等的，不能摆家长架子。错怪了孩子，就主动道歉，而且态度诚恳，不敷衍，不拉客观。有些家长认为这样做会有失尊严，其实不然，孩子是明理的。父母向孩子认错，给孩子树立了有错必改的榜样，会使孩子由衷地敬佩父母的见识和修养，并学会勇敢地为自己的行为负责，让孩子从小形成一种责任意识。同时，孩子也会更加信任父母，使一家人和睦团结，为孩子创造健康成长的良好环境。家长的威信不但不会降低，反而更高了，相反，心理学家通过研究发现，那些处于家长绝对权威下的家庭的孩子，往往个性懦弱，这就是原生家庭在孩子身上的个性烙印。

可见，家长做错了事，肯不肯向孩子道歉，不仅影响着两代人的情感，也关系着孩子的进步与成长，实在是家长应该学会使用的一种教育手段。家长要言传身教，向孩子认错、道歉，是培养孩子成为一个积极自信、健康阳光的孩子的重要因素。孩子最早的学习是从模仿开始的。他们从很小的时候开始，就会将看到、听到、感觉到的东西"融化"在正在发育的大脑里，并在以后的生活中不知不觉地加以模仿，不仅限于行为举止，而且包括思维方式、情感取向，以及个人性格等。总是压制孩子、犯了错也不向孩子道歉的父母，即使想教育孩子健康成长，孩子也会变得自卑消极、缺乏主动性。所以当孩子做错事时，家长更应该以身作则。使孩子能具体地感觉责任意识在生活中的重要性，从而主动、积极地养成责任习惯。

从孩子自身角度来说，要实现突破和自我疗愈，就要明白，父母始终是爱你的，但是他们缺乏正确的沟通和教育方式，你最好和父母主动沟通、倾诉自己内心的想法，将自己内心那个委屈的内在小孩释放出来。

🔅 恐惧——总是在害怕什么

老李是一个单亲爸爸，带着八岁的儿子生活，这天，老李带着儿子来到了心里诊所，他道出了压抑在孩子心里三年的心病：

三年前，老李一位同窗好友因交通事故突然去世，这是个突如其来的消息，他带着儿子去殡仪馆吊唁，谁知道，刚到殡仪馆的时候，儿子就感到心口非常的疼，还觉得口干、心慌、胸闷。

随着时间的流逝，老李以为儿子心中的悲痛已慢慢淡化，但儿子告诉他，殡仪馆的那些场景一直残存在他的脑海中。三年来，儿子没有睡过一个好觉，一到晚上，他就感到恐惧，眼睛一合上，所有的场景就会再现，整晚都无法入睡。儿子说，只要有人陪着的话，他就能睡着。然而，他还必须上学，也不可能天天有人陪着他，而他一个人时，要么开着灯，要么电视通宵播放，这样才不会害怕得那么厉害。

他说，白天人多，又要学习，他不感到害怕。就是到了晚上，房间里冷冷清清的，他的脑子便不由自主地想起殡仪馆的阴森来，以至于无法入眠。

所以这三年来，不管何时何地，只要他看到别人胸戴白花、臂缠黑纱，就会感到胸闷心慌、头昏目眩，有时路过殡仪馆门口也感恶心头晕。这件事情已困扰他很久了，所以他才让爸爸带他来看心理医生。

听到老李儿子的陈述后，心理医生建议告诉他："任何人都会恐惧死亡，但你的这种恐惧已经影响到了生活，需要进行一些心理调节。不过我还是建议你在家进行自我调节。首先要调整好心态，不要刻意去想'我会不会害怕'；其次睡前可进行一些放松练习，如做做瑜伽；最后，前期可以使用小夜灯'壮胆'；另外，也可养些宠物做伴……"

这里，老李的儿子患上的就是葬礼恐惧症。所谓葬礼恐惧症，指的是患者身处葬礼环境中或看见佩戴白花、黑纱的人，甚至经过如殡仪馆、陵园、灵堂等某一特定区域时，也会产生一种恐惧心理。

在心理学上，有一种学说叫条件反射学说，在这一学说看来，当患者受到某一事件的恐惧性刺激时，在事件发生时的另外一些非恐惧的与事件无关的刺激，同时也会对人的大脑皮层产生作用，两者作为一种混合刺激物形成条件反射，以后再遇到这样的情况，即便是一些无关的刺激，也会对患者产生强烈的刺激。案例中老李的儿子之所以会产生这样的恐惧症，就是这个道理。葬礼是导致恐惧的刺激条件，而类似的白花、黑纱等则属于无关刺激。由于恐惧情景的延伸，白花、黑纱甚至殡仪馆、陵园、哀乐声等也成了恐惧物。

老李的儿子经过了父亲好友的葬礼后，心理便产生了对事件严重性的想象，如担心自己也会那样突然死去，再加上有意回避，拒绝看白花、黑纱等。这在他的心里已经形成了固定的概念，一想到这些事物就感到恐惧，时间越长，这种感觉就越重，今后如果再想以正常心态接触这些事物就非常困难了。

实际上，对黑暗与死亡的恐惧是人的天性，有些人参加葬礼后会有做恶梦、无法入睡的表现，但一般几天后就会自愈。当然，在了解了葬礼恐惧症产生的原因后，我们便可以采用行为疗法治疗。著名的哲学家罗素提出过这种缓和恐惧情绪的技巧，即只要你坚持面对最坏的可能性，并怀着真诚的信心对自己说"不管怎样，这没有太大的关系"，你的恐惧情绪就会减少到最低限度。

对于已经存在的恐惧事件，与其逃避，不如正视它并改变它。观念上要明确，只有面对才能消除恐惧。

当然，儿童恐惧症的患者是非常多的，很多的孩子患上这种疾病以后，心情都发生了巨大的变化。很多孩子都会出现性格内向，自卑的感觉，有的孩子甚至根本无法与别人进行交流，常见的症状是非常多的：

特点一：性格内向，情绪不稳定。内向者安静、内省、不喜欢接触人；情绪不稳定者易焦虑，对各种刺激的反应过于强烈，情绪激发后，又很难平复。与人交往时，强烈的情绪反应影响他们的正常交往。

特点二：强烈的自卑感。自卑，自我贬低，认为自己缺乏社交技巧和能力，无法与人沟通，怕引起别人不好的反应。

特点三：过于敏感。总能从别人的眼光中看出别人对他的厌恶、憎恨。如果需要和陌生人交谈，他会因此而更加紧张害怕。

患有恐惧症的孩子最明显的症状就是在晚上睡觉的时候有不正常的表现，比如出现夜惊或者是哭闹的症状。

生活中的青少年，如果你有恐惧症，你需要接受综合治疗，以心理治疗为主辅以药物治疗的行为治疗、结合支持疗法认知治疗松弛治疗及音乐与游戏疗法，一般可取得较好疗效。对症状严重的可予小剂量抗焦虑药物或抗抑郁药物。

🔋 贫穷——悲苦的孩子很难有健康合作的态度

无论是教育工作者还是家长，都不能忽略外界的环境，因为外界环境也在直接或者间接塑造孩子，或者通过影响父母或者老师的心理来影响孩子的心理状态，这一点，是需要引起重视的。在众多的外在条件中，所有的教育工作者首先要认识到的是经济条件对孩子的心理影响。

比如，如果一个家庭几代都在为基本的温饱问题奔波，那么，这样的家庭只会传承痛苦和悲伤，因为他们的精力都花在努力生活上，他们太悲苦了，以至于孩子也很难拥有一种健康的态度。他们总是像受惊的小鸟，饱受心灵的折磨，他很难与别人协同合作。

另外，长期处于半饥饿或糟糕的经济状态中，无论是父母，还是孩子，他们都存在一定的生理健康问题，这也反过来影响他们的心理健康，比如，战后的欧洲家庭出生的孩子，问题就比前几辈人多。在谢尔登和埃莉诺·T.格鲁克合作的《500个人的犯罪生活》一书中，有名罪犯谈及来着自己的犯罪心理。

"我从没想过自己有一天会将自己心里的话说出来。其实，在十五六岁以前，我跟其他男孩没什么不同，我也经常学习、看书、运动，过得也很充实。后来，我的父亲让我辍学出去工作，我也努力工作，但是他将我的钱全部拿走，每周只给我五毛钱，试问五毛钱能做什么？就算在我们这样的一个小镇，五毛钱也什么都玩不成。"男孩这样控诉着自己的父亲。

在问到他父母的关系时，他才袒露原来他们也缺乏合作精神。"工作一年后，我认识了一个女生，我们谈恋爱了。她很爱玩，但我的五毛钱怎么可能应付我们的生活，也不能带她出去玩。"其实，很多罪犯都有类似的经历，他们会喜欢那种爱玩的女孩，因为他们的经历不美好，所以希望找个快乐的人生活，但无奈的是，这名罪犯经济太拮据了，所以后来，他绞尽脑汁地想赚到更多的钱，但是他没想着怎么做兼职，而是想到了犯罪。

贫穷未必一定会导致犯罪，但却是很多犯罪现象的一个诱因。

还有个需要引起我们注意的是，孩子所处家庭的物质生活状况，与那些生活在富裕家庭的孩子相比，家庭贫穷的孩子对金钱会产生一种不满足感，而曾经物质丰裕，但后来经济条件变差的孩子容易焦虑，因为他们无法适应贫穷的生活。在一些家庭里，祖父母辈时家境殷实，但到父母时却一事无成，这样家庭里的孩子比较勤奋，他们在试图用勤奋抗议父母的懒惰。

在谈到家庭经济环境对孩子的影响时，还要认识到家庭中前后经济变化的影响作用，如果一个孩子所在的家庭以前很富有，但随后陷入贫穷中，这对孩子的成长来说是不小的打击，对于一贯处于被他人关注的中心地位的他，对于物质生活的突然贫乏也无法接受，他一方面怀念曾经富有的生活，另一方面心存怨恨与不满。

反过来，家庭暴富，对孩子影响也很大，此时，父母自身无法用正确的心态面对财富，孩子也很容易犯错，父母想给孩子一个生活优渥的童年，他们认为孩子不必节约，这样的想法常常导致孩子出现各种各样的问题，是问题儿童中的典型。

对于这些孩子，你需要接受一定的心理合作培训，这些困难是完全可以避免的，合适的外在环境就像对你们敞开的一扇门，通过它，你能脱离一些心理伤害，学习与人合作。

🔋 疾病——病痛也会给孩子留下心理创伤

除了经济环境可能会造成青少年内在小孩受到创伤外，我们还要认识到父母对生理卫生知识的认识程度对孩子的影响，这种卫生知识的匮乏，以及父母的胆小羞怯，与孩子的生理和心理健康有关，一些父母要么粗心大意，要么认为孩子的某些身体上的问题会自行消失，当孩子生病时，他们没有及时带孩子就医，对孩子造成了严重的后果，如果孩子不良的生理状况未能得到及时治疗，就可能继续恶化，造成严重又危险的疾病，不但造成孩子无法治愈的身体问题，还会给孩子留下心理创伤。其实，每一种疾病都会带来心理上的或轻或重的影响，是需要尽量避免的。

在孩子成长路上，如果他花费了很长时间才学会走路，并且以后能和正常人一样行走，那么，他就不会因此而形成自卑心理，但是如果一个孩子行动不便，那么，他就会觉得自己人生不幸，进而感到自卑，会悲观失望。即便他的身体再没有不适，他的人生还是被这种消极心理占据，对他以后的行为有严重的影响。比如，不少曾经患有佝偻病的孩子，即便日后痊愈了，但是这一疾病还是会留下很多身体痕迹，比如O形腿、动作笨拙、肺黏膜炎、脊柱弯曲、某种头部畸形、踝关节肿大、关节无力、体态不良等。

另外，这些孩子在患病期间因为身体问题而形成的悲观和自卑心理，即便身体痊愈了，但自卑心理依然存在，看到那些行动自如且身轻如燕的孩子，他们会极度自卑，会缺乏自信，认为自己不可能取得进步，很少去尝试，或是被看似绝望的环境刺激，而不考虑自身的身体情况去追逐同伴，很明显，他没有对自己的情况进行正确的判断和认知。

当这些无法避免的时候，对于儿童自身来说，培养社会情感就显得尤为重要了，以此来减少这些问题对他们的伤害，我们可以说，只有当一个孩子社会情感不足时，生理疾病才会对他造成心理创伤，反之，相对于那些被宠坏的孩子，那些能早早认识到自己是社会的一部分、社会情感良好的孩子，从生理疾病中获得的伤害更少。

很多案例显示，在孩子得了诸如百日咳、脑炎、风湿性舞蹈病等疾病后，他会表现出一些心理疾病，一些人认为这些心理疾病是由其身体疾病引起的，但疾病后的心理问题只是将孩子长期藏于内心的性格问题和心理问题暴露出来而已，孩子生病后，会获得父母更多的关心和爱护，他们会表现出焦急的心情，他知道这些都是因为他的疾病。即便身体痊愈后，他还是想要得到这样的关注，所以会尝试运用各种方法来达到目的，而那些社会情感健康的孩子，是不会表现出这样自私自利的行为特征的。

还有一种疾病给孩子的性格特征带来的积极影响，是我们容易忽略的，这里有个案例，这个孩子的父亲是一名教师，这名教师一直关心他的这个次子，但却无计可施，这个男孩偶尔会离家出走，成绩在班级里也是倒数。有一天，他的父亲正准备将他送去少管所，但在出发前却发现他患有髋关节结核。这种病最需要的就是有人长期照料，于是，他的父亲决定和母亲一起好好照顾他，奇怪的是，在男孩康复后，也成了一个各方面十分优秀的好孩子。其实，原本他最渴望的就是父母的关注，患病为男孩提供了一个契机，他得到了自己想要的，之前他一直对抗父母，是因为他认为自己不被重视和关注，因为他的上面有个哥哥，既然不能像哥哥那样被父母喜欢，那就抗争吧，但是生了一场病让他发现从父母那里得到的爱是和他们给哥哥的爱一样的，所以他开始学着变乖，以此获得父母更多的关注。

关于疾病，还要注意一点，孩子患病的这一经历在他的成长路上总会留下影响，尤其是关于重大疾病或者死亡这样的事，孩子更是很难接受，而疾病在孩子心理的印记，会在孩子未来的人生中显现出来。比如，一些人在得病后，会对这种病感兴趣，后来还成为这一领域内的医生或者护士，但是，有的人却因为疾病总是惶恐不安，疾病留下的心理阴影一直缠绕着他，让他寝食难安，也无法更好地取得进步。曾有项针对100个女孩的调查结果显示，其中一半以上的女孩承认她们生活中最大的恐惧是心理疾病和死亡。

　　所以，对于青少年朋友来说，一定不能让曾经的患病经历影响了你以后的人生路，最好是做好应对困难和疾病的准备，以免以后难以接受。另外，你需要明白的是，人的生命有限，但只要在有限的生命里活得有价值就可以了。

第05章

自我救赎，自我接纳

无论是成人还是青少年，都有不同程度的心理创伤，而对于那些天生就有生理缺陷、身材瘦小或者童年有不幸经历的孩子来说，更容易让内在小孩受伤，而这些消极因素如果得不到合理引导并进行积极补偿的话，就可能导致心理问题。心理问题是导致儿童很多不良行为表现的直接原因，为此，每个青少年阶段的孩子，都要关爱身体里的那个内在小孩，学会自我接纳、自我认同和自我救赎，进而树立信心和勇气，让自己积极向上地成长。

🔋 树立"自我认同感"，你的人生才有坐标

心理学家认为，每一个人都需要自我认同感，对于成长中的孩子也一样，但实际上，很多时候，自我认同感的缺失，是父母的教育造成的，比如，从小给孩子贴上了"弱者"的标签，把孩子的缺点当成娱乐的对象，对孩子大加指责等，都会让孩子有一种"无用感"和"自我否定感"，长期在这种心理状态笼罩下的孩子，是很难有勇气和自信的。

如果一个孩子在家里一直被忽视，那么，当他与其他人打交道时就渴望得到赞赏与认同，为了达到这一目的，他们会采取很多方法。如果是男孩，情况是非常危险的，而如果是女孩不被认同和关注，她们会缺乏自信，而成年后一旦有男人向她们献殷勤，她们很容易就妥协。

另外，不少孩子到了青少年阶段后，自我认同感的缺失尤为严重，也许他们在自己曾经的学校或者低年级时是好学生，被老师和同学喜欢，总是表现很出色，但是后来升入高年级或者转换了一个学校，他们就进入了一个新的环境，此时，他们未能表现得和从前一样优秀，这样的变化让他们无法适应，其实，

他们忽略的是，他们自身并没有变化，只是环境变了，新的环境并没有让他们和从前一样展现出自己的优势这让他们很沮丧。

有一个女孩，她的父母性格软弱，而且他们一直希望自己生的是一个男孩，所以不怎么关注她，而且母亲对女性存在偏见，这直接影响了她的人生态度。偶尔，她也能从父母的谈话中听到父母对她的看法："这孩子一点都不讨人喜欢，要是个男孩就好了。"有一次，她的母亲收到了来自一个朋友寄来的信，信中说道："你可以趁着年轻再生一个。"这个女孩看到了母亲的信，受到了极大的打击。

几个月后，女孩到乡下去看望一位叔父，并认识了一位智商低下的男孩，他们谈起了恋爱。后来，二人分手了，但她一直忘不掉这件事，结果她患上了焦虑症，也不敢一个人出门。一旦不被别人赞赏和关注，她就会极度沮丧，产生自暴自弃的念头。因为父母一直想要的是一个儿子，她没有得到父母的关注，所以为了赢得父母重视，她经常用病痛来折磨自己，甚至自杀，这让父母很痛苦。

很遗憾的是，这个女孩没有办法明白自己的处境，她认为"不被关注"这件事实在太严重，甚至过分夸大这个问题。

可见，孩子到了青春期后，需要更多的关注，让他知道父母是爱他的，对他的情况多了解一点，并多给一点鼓励，那么情况就会好很多。

那么，作为青少年自身，如何寻找自我认同感，然后逐步建立起勇气和自信呢？

1.喜欢自己的性别

这是最基础的，只有先获得身份的认同，才能以自己的性别身份生存、生活、与人交往，从而赢得一种自我价值的肯定，如果你不喜欢自己的性别，那么，一定要及时寻求父母和专业人士的帮助。

2.多结交朋友，赢得友谊

当朋友们认可你，帮助你产生归属感，告诉你你是个讨人喜欢的人，你从中获得快乐，你的身份认同感就建立了。此时，你会想："和这样的人做朋友，我就是像他们一样的人。"所以，友谊的获得，对于身份认同、建立自信、培养社交能力及给你带来安全感，都是非常重要的。

3.你要记住你不需要让所有的人都满意

大多数人都有这样的经历：上学的时候，父母总是指着隔壁的孩子说："瞧瞧人家，成绩多优秀，你得向他看齐。"大学毕业了，父母长辈都说："还是当个老师，或者考公务员，才是铁碗饭，其他的都不是什么正当的工作。"工作的时候，上司总是告诉你这样不对，那样不对。我们生活的最初点，似乎就是在让所有的人都满意，而从来没有让自己满意过。事实上，我们要懂得这样一个道理：你不需要讨好所有的人，只有自己喜欢才是最重要的。

4.做自己喜欢的

生活中，什么是快乐？其实，快乐很简单，就是做自己喜欢的事情，如果我们太过在意别人的眼光，在这个过程中不自觉地将自己当成焦点，那只会让自己身心疲惫。因此，学会做自己喜欢的事情，享受自己生活的世界，没人会在意你做了什么。

5.始终记住自信源于成功的暗示，恐惧源于失败的暗示

自信源于成功的暗示，恐惧源于失败的暗示。积极的暗示一旦形成，就如同风帆会助你成功；相反，消极的心理暗示一旦形成，又不能及时消除，就会影响一生的成功。

总之，任何一个孩子在成长过程中，难免出现一些负面消极心态，此时你要学会及时排解，这样你才能成为一个勇敢积极的人。

接纳自我，坦诚面对自己的不完美

某班有个古怪的女孩，她一般都独自躲在角落里，好像她

从来没有朋友一样，实际上，她也希望自己可以和那些女孩一起玩，可是，她觉得自己就像一只丑小鸭：很矮小、脸上还有痘痘、皮肤也很黑，为什么妈妈在给自己生命的时候，把这些缺点都给了自己？在一次题目为《我的心事》的作文中，她这样写道：

"我是一个初中女孩，虽然年龄还小，但自卑心理已经很严重了，我有太多的缺点，唯一能让我稍微欣慰一点的就是我的学习成绩比较好，在班里能排前几名。小学的时候，我有两个很好的朋友，以前我是她们学习的榜样，可现在，她们很明显已经超过了我，而且，在学校，还有一些男生主动写情书给她们，为什么我这么差劲？现在，她们已经是学校光荣榜上经常出现的学生了，而我，成绩在一天天退步，她们也离我而去了。

"我很自卑，一开始我还不认为自己自卑呢，后来我忽然发现这三年来我的变化真的好大的时候，才注意到了这一点。我觉得从小我就没自信过。于是我装的很有特点，生怕在这个优秀的团体里，别人会遗忘我。我开始看那些我不喜欢的东西，开始看动漫，开始看小说，我的性格开始变得内向，我现在好茫然，我不知道该怎么办，马上就要开学了，怎么办，我已经不知道我能怎么面对中考，面对未来的学习了。"

后来，老师找她谈了几次话，希望她能以平常心看待学习成绩，也要接受自己的不完美，后来，这个女孩开朗了许多，周围也开始出现了一些朋友。

每个人的成长都会经受一个破茧成蝶的过程，从一个幼小的不起眼的毛毛虫成长为一只美丽优雅的蝴蝶，在到了青少年阶段以后，更是在短短的几年时间里，身体和心理都要经历一场巨大的变革，变革结束以后，身体便发育成熟。不过在成长中，会出现很多令人头疼的额外难题，尤其是身体上的不完美，但每个孩子都要用平稳的心态接受这种不完美，不断充实自己的内在，这会让你过得更充实、更愉快！

如果你不能接纳自己，并且把眼光过度放在自己的缺陷和不完美上，就会对自己产生过低的评价，导致缺乏信心。自卑，是个人对自己的不恰当的认识，是一种自己瞧不起自己的消极心理。在自卑心理的作用下，你便不能以正常、轻松的心态与人交流。青少年时期是我们走出家庭，走向社会的一个重要时期。每个青春期的孩子，都希望有可以倾诉的对象，有个关系紧密的闺蜜，但如果你对这一点没有清醒的认识，过分在意周围人的眼光，甚至自卑等，是无法完成与他人之间的沟通并建立友情的。所以，你一定要学会接纳自我，然后完善自我、提升自我，才能在青春期充实自己，为未来打下基础。

1.正确评价自我，你是特别的

每一个人确实都是特别的。这就和工艺品一样，有些工艺品之所以价值连城，就是因为特别，制作的人如果制作出一万件大小、形状、装饰都完全一样的工艺品，那么每件工艺品就值不了多少钱了。可是如果这个制作人独具匠心地制作出有个完全与众不同的工艺品，那么，它的价值就另当别论了。同样，你之所以宝贵，是因为全世界再无人与你完全相同。是你的思想、情感、品味、才能构成了独特的你。

而你那些所谓的"缺点"，那些你不喜欢自己的特质，其实是你最宝贵的财富，只是你在表达的时候程度有点过于强烈了。就好像放音乐一样，声音过大，就会让人觉得很不舒服，但是如果我们把音量调小，你自己和你周围的人都会意识到，那些你所谓的缺点正是你的优点。你所要做的，就是在适当的时间、适当的地点，用适当的方式将它表达出来而已。这时你会发现你仍然特别、仍然被无限的爱着。

因此，你要本着实事求是的态度，要学会用正确的、辩证的眼光看待自己，要充分认识自己的能力、素质和心理特点，在不夸大自己的缺点的同时，也不避讳自己的长处，这样才能确立恰当的追求目标。用这样的心态，你才能取长补短，在看清楚自己不足的同时，将自卑的压力变为发挥优势的动力。

2.提高自信勇气

要相信自己的能力，学会进行积极的自我暗示：我并非弱者；我并不比别人差；别人能做到的，我也能够做到，只要我付出努力；既然我选择了，我就要努力达到自己的目标，决不放弃；我不必自卑，人无完人，别人也不是完美的。

3.积极与人交往，发展健康的人际关系

"有时候我就感觉自己像个孤岛，好像跟什么人都没有联系。这是怎么回事？"因为你没有健康的人际关系，学会交一些益友，你会从中受到鼓舞。如何才能交到益友：

①培养自己交往的品质。真正的友谊需要坦诚的沟通、尊重、同情与理解、负责、宽容，以及愿意为保持这种友谊而努力。当你考虑交往真正的朋友时，你就要懂得付出，不要只想着朋友能为你做什么。

②自重和尊重朋友。你可能会想：但愿我有这样一个朋友，他会听我的话，理解我，并且使我不会孤独，他不要有什么我不能接受的个性。不幸的是，你没有权利来改变他人。你不能迫使他人为了友谊来满足你的需要。如果你希望被爱和被尊重，你首先要做到的是自爱和自尊；如果你希望交到朋友，你就必须学会尊重他人个性的差异。

每个青少年阶段的朋友，都要能正确的认识自我，接纳自己的不完美，用正确的心态和品质去与人交往，这才能交到真正的朋友！

自我释放，不要压抑自己

青少年朋友们，在生活中，你是否遇到过这样的情况：一大早，六点钟的闹钟就把你惊醒，你很想再睡一会儿懒觉，但母亲已经开始敲门了，你在七点之前必须要赶到学校，好不容易草草吃了早饭、挤上了去学校的公交车，但你还是迟到了十分钟，你被老师点名批评，当你打开书包，结果发现昨天的作业忘带了……此时，你内心曾经所有的负面情绪、委屈感顿时涌上心头，你心里倍感委屈，生活怎么这么艰辛？

其实，生活、学习中，类似于这样的影响人们心情的事情实在太多，如果我们处理不当，就很有可能造成人仰马翻的惨剧。当然，如果一味地压制这些负面的心情，问题也并不会因此解决，同时，积压在身体内部的负面能量会因此而不利于我们的身心健康，比如会引发头痛、胃病等，所以压抑绝不是面对坏心情的最好方法。

刘先生原本有个美满的家，有个美丽的妻子，但就在他三十岁那年，命运跟他开了个玩笑，刚怀孕五个月的妻子在家中滑了一跤而流产，后来，妻子就被诊断出不孕症。整天郁郁寡欢的妻子又在一次交通意外中失去生命。一段时间下来，刘先生早已心力交瘁，但他还是坚持努力工作，并担任了几个小公司的兼职顾问，虽然很劳累、很操心，甚至很压抑，但是他从来不曾流过一滴泪，朋友都夸刘先生是个硬汉！

后来，刘先生感觉自己的头总是很疼，开了一些头疼药也无济于事，后来，朋友推荐他去求助一位心理医生。心理医生告诉他，他内心的悲痛压抑太久了，如果想哭，就哭出来。在医生的建议下，他将多久以来心中的苦楚全部以泪水的形式宣泄了出来，整个人也轻松了很多。

这里，我们发现，刘先生之所以会出现头疼的症状，是与其长期压抑自己的悲痛心情有关，而在哭泣后，他的苦楚得到了宣泄，自然感到轻松很多。的确，生活中，我们都会遇到一些令心情不快甚至是突如其来的变故，青少年朋友同样如此。在陷入消极情绪而难以自拔时，我们不能压抑，而应该适时找到宣泄的方式，才能及时卸下包袱，继续上路！具体来说，有以下两种帮助你释放坏心情的方法：

1.倾诉法

当你觉得内心憋闷、心情抑郁时，可以选择倾诉的方式来排遣，倾诉的对象可以是你的朋友、同学，也可以是你的亲人，这样使消极情绪发泄出来后，精神就会放松，心中的不平之事也会渐渐消除。当然，向朋友、亲人倾诉必须要有一个前提，那就是他们要有一定的抗压能力。

曾有专家建议："无论是朋友，还是亲人，你都可以依赖。但是，你必需要找到在你压力大时，真的能帮助你的人。"如果你的朋友的抗压能力还不如你，那么，可想而知，对于你的苦恼，他是帮不上忙的，甚至他的心情也会被你影响。

2.哭泣

长时间以来，人们都认为，哭会对人的健康有害。然而，新近科学家们的实验与研究却给了我们一个迥然不同的结论：哭对缓解情绪压力是有益的。

心理学家曾经做过这样一个实验：有这样一群人，心理学家将他们分成两组，一组是血压正常者，另一组是高血压者，心理学家分别问他们是否哭泣过，结果表明，血压正常的这些人中，有87%的人偶尔有哭泣过，而那些高血压患者却说自己从不流泪。这里，我们发现，让人类情感抒发出来要比深深埋在心里有益得多。

面对突如其来的灾祸、精神和身体上的打击，你都可以选择一个合适的场所放声大哭，当你遭到突如其来的灾祸，精神受到打击心里不能承受时，可以在适当的场合放声大哭。这是一种积极有效的排遣紧张、烦恼、郁闷、痛苦情绪的方法。

3.自我暗示

比如，你可以告诉自己，大家都处于紧张的学习生活中，压力不是我一个人独有的，他们能顶着压力学习，我也能，这样一想，压力也就立马减轻了。另外，在每天早上出门前，可以给自己加油："我今天很漂亮，我今天要满载知识地回家。"带着这样的心情进入学习生活，学习也必当是轻松的。

4.摔打安全的器物

如枕头、皮球、沙包等，狠狠地摔打，你会发现当你精疲力竭时，内心是多么畅快。

5.高歌法

唱歌尤其是高歌除了愉悦身心外，它还是宣泄紧张和排解不良情绪的有效手段。

的确，青少年阶段是容易引发心理问题的年龄，任何一个青少年朋友，都应该学会释放自己，只有时刻以积极、阳光的心态面对生活和学习，你才能拥有一个快乐的青春期！

🧪 自我疗愈，走出突如其来的打击

很多人在遇到生活的不幸遭遇和打击之后，往往感觉到非常的痛苦。这是因为人们内心的欲念没有得到满足，心理期待产生了落差，更有甚者会产生一些心理问题。比如，在失去亲人、天灾人祸或者重大失败之后，一些人可能变得孤僻、自卑、抑郁等。心理学家称，当我们感觉到压抑和痛苦的时候，学会自我疗愈尤为重要，只有让内心平静下来，获得放松，才能改变人的情绪，从而让人忘却痛苦和悲伤。

同样的，对于成长中的青少年来说，如果你也曾遭遇突如其来的打击，你也要学会自我疗愈、修复心理创伤，只有这样，你才能以积极健康的心态继续努力学习和生活。

妞妞是一个很孝顺的孩子，尤其是对于将她带大的姥姥，可是最近，姥姥突然去世了，这对于妞妞来说简直是晴天霹雳，妞妞知道后，赶回老家，趴在姥姥的坟前哭了整整一天。那一段时间，她特别不想吃东西，不管什么吃到嘴里都没有味道，身体也一天不如一天。

妈妈看在眼里疼在心里，每天安慰妞妞，但是都不管用，妈妈希望她能尽快的从失去亲人的痛苦中恢复过来。但妞妞好像开始吃什么吐什么，这让妈妈很担心，有一些心理学基础知识的妈妈明白，她的女儿可能抑郁了。不过她知道，女儿未必愿意去看心理医生，所以她打算让女儿自己恢复过来。

一次，她从书店找来一本心理学书籍，书中谈到了抑郁症的自我检测和治疗方法，回来后，妈妈故意把书放到客厅显眼的地方，她知道妞妞最爱看书，平时家里买了什么新书，也是让她第一个过目，在这段特殊的时间里，大概也只有看书，能让她平静下来，果然，这天回家，妞妞就顺手把书带进了房间。

妞妞很快被书中的故事打动了，她才明白，原来自己也生病了。按照书中提供的方法，她对自己进行了自我催眠，仿佛有个声音在她耳边呢喃：

"现在，你回到了七八岁的时候，那是春天的一个中午，你和一些小玩伴们来到村后的草地上，阳光温暖、微风和煦，你们决定就在这里午睡，空气好极了，你觉得自己的身体很沉，很沉，你累得不想睁开眼睛，那就不要睁开，睡吧，没有人会打扰你的，就在这儿睡吧……"

不到十分钟的时间，妞妞就进入催眠状态了，然后她看到了这样的场景：一束白光照到她的身体上，她的姥姥走了过来，她告诉妞妞："妞妞，我亲爱的孩子，姥姥去天堂了，我知道你会想念姥姥，姥姥的离去让你很悲伤，然而，你知道吗，姥姥希望的是你能好好地生活、学习，这是姥姥最大的愿望。所以，不要再难过了好吗？姥姥会永远活在你的心里的。"看到这里，妞妞原本紧绷的脸颊开始舒展开了，虽然眼角流下了一行眼泪。

过了一会儿，等妞妞自己从催眠状态醒来后，心里舒服了很多，她知道，自己是时候走出伤心的过去了。

现在的妞妞每次想姥姥的时候，都会去祭拜，但是她再也不会因为姥姥的离去而食不下咽、精神萎靡了。

后来，在妈妈的精心照顾下，妞妞的身体一边比一天好，皮肤一天比一天白。精神也好了很多。经常和妈妈一起去打球和跳舞。看到女儿开心的笑，妈妈心里别提有多高兴了。

故事中的妞妞由于无法接受姥姥离世的打击，陷入了深深的痛苦之中，使得精神受到了严重的刺激。在进行了心理自助之后，她能用正确的心态看待这一事情了，她的身心得到了净化，重新找回了往日的开心快乐。

可见，对于成长中的青少年来说，学会自我疗愈法对于预防和治疗心理创伤有很好的作用，它能让人镇定、安心，能让人平静下来，能让人理智地思考遇到的重大变故或打击等，能让人从悲痛中看到希望，所以，当你内心被悲伤占据的时候，心理自愈法能治愈人的心灵创伤，让人重新看到生活的美好和希望，能重拾信心、重新出发。

自我和解，学会与抑郁的内在小孩共处

有个中学女生在和自己的网友聊天时打出了这样的一段话：

"如果在现实生活里，我根本无法说出来心里的感受，不知道向谁诉说，我经常有想死的念头，明明是碰到一点小事，都会很生气，要不然就很伤心，以前还有自残现象，变得不是很相信别人了，脾气倔强，不服输也不认输，喜欢一个人到没人的地方听音乐，难过的时候还哭。我希望每天都不会有人和我讲任何一句话，全身没有力气，不想动，上课的时候经常睡觉，课也听不进去，注意力难集中，总觉得自己很可怜，算是我死了也没人会难过，我是多余的，情绪大多数是低落的，看到人多的地方就想走。我这是什么心理疾病啊？"

在这位网友的几次劝导下，女孩总算承诺去咨询心理医生，而据医生说，她得了抑郁症。

青少年阶段的孩子，因为学习压力和生活或者情感上的失利或者心理上的创伤，容易产生一种不良情绪——抑郁，更为严重的会患抑郁症。他们感觉就好像世界末日即将来临，自己也将魂飞烟灭，恐惧悄悄地走进他生活的每一个角落，吞噬着他的灵魂，不知不觉中削弱他的信心，甚至使他连穿什么衣服，午饭吃什么这一类的小事都无法作出决定，变得无所适

从。对于周围的事情，变得淡漠，还有一种无望感、无助感、无目的、无动机，觉得自己空前的孤独他会觉得自己软弱，孤立无援，没有人能救援自己，一切已无法挽回。更可怕的是他根本无心突围，因为他认为那都是徒劳，不可能成功。所有的安慰怜悯都无法穿透那堵把他与世人隔开的墙壁，任何热情关怀都不能打动他的心。具体表现为：

抑郁心境：这是抑郁症患者最主要的特征，轻者心情不佳、苦恼、忧伤，终日唉声叹气；重者情绪低沉、悲观、绝望，有自杀倾向。

愉快感缺失：对日常生活的兴趣丧失，对各种娱乐或令人高兴的事体验不到乐趣。轻者尽量回避社交活动；重者闭门独居、疏远亲友、杜绝社交。

疲劳感：无明显原因的持续疲劳感，轻者感觉自己身体疲倦，力不从心，生活和工作丧失积极性和主动性；重者甚至连吃、喝、个人卫生都不能顾及。

睡眠障碍：有70%～80%的抑郁症患者伴有睡眠障碍，患者通常入睡无困难，但几小时后即醒，故称为清晨失眠症、中途觉醒及末期失眠症，醒后又处于抑郁心情之中。伴有焦虑症者表现为入睡困难和恶梦多，还有少数的抑郁症患者睡眠过多，称为"多睡性抑郁"。

食欲改变：表现为进食减少，体重减轻，重者则终日不思茶饭，但也有少数患者有食欲增强的现象。

躯体不适：抑郁症患者普遍有躯体不适的表现。患者常检查和治疗不明原因的疼痛、疲劳、睡眠障碍、喉头及胸部的紧迫感、便秘、消化不良、肠胃胀气、心悸、气短等病症，但多数对症治疗无效。

自我评价低：轻者有自卑感、无用感、有无价值感；重者把自己说得一无是处，有强烈的内疚感和自责感，甚至选择自杀作为自我惩罚的途径。

自杀观念和行为：这是抑郁症最危险的行为。患有严重抑郁症的患者常选择自杀来摆脱自己的痛苦。

由以上几点，可见抑郁对于青少年的危害性，那么，究竟怎么样才能摆脱抑郁这种不良情绪的困扰呢？

①面对忧郁要处之泰然，因为悲伤是必经的常态。

②找些事情做，转移注意力，如散步、下棋、骑脚踏车、阅读等。

③找朋友倾诉，加以发泄。

④大哭一场，尽情的流泪。

⑤冷静的分析情况。

⑥运动有助于克服忧郁症，如果平日就有运动的习惯，不

妨试着耗尽全身力气。

⑦尽量外出，不要待在家里，以免使情绪更低落，外出也能增加认识世界的机会。

⑧参加活动，令生活充实，减少令自己胡思乱想的时间。

当然，这只是一些能缓解抑郁的方法，当得了抑郁症以后，你要在家长的陪同下，就医治疗，让自己重新找回勇气和快乐。

破除自我怀疑，相信自己"我可以"

相信任何一个青少年朋友都知道，自信是对自己的高度肯定，是成功的基石，是一种发自内心的强烈信念。相反，如果一个人总是自我怀疑，认为自己这不行那不行，那么，久而久之，他便真的不行了。

然而，在一些自我怀疑者的心中，经常会有这样一些声音："这件事我肯定做不了。""我不想被嘲笑。""太难了，我无力应对。"这负面的评价让人消极和懈怠手头上的事，我们不难想象，任何一个自我怀疑的人都不可能在现在或者未来取得什么成就，因为他们总是在自我设限，他们认为自己在规定时间内做不到，他们不敢挑战更大的目标，他们不敢参与人际竞争，对于别人的成功，他们也只能自怨自艾，一旦出现挫折，他们也很难走出来。相反，一个人有了自信后，就会积极向上，就会比别人更有执行力，更有耐挫力，他们遇到问题时，也更有勇气面对，而正是这种力量指引着他们不断走向成功，任何一个青少年，也许在你的内心，也住着一个自卑的受伤小孩，那么，你一定要不断地自我暗示"我可以"。

一位音乐系的学生走进练习室。在钢琴上，摆着一份全新的乐谱。

"超高难度……"他翻着乐谱，喃喃自语，感觉自己对弹奏钢琴的信心似乎跌到谷底，消靡殆尽。已经三个月了！自从跟了这位新的教导教授之后，不知道为什么教授要以这种方式整人。勉强打起精神。他开始用自己的十指奋战、奋战、奋战……琴音盖住了教室外面教授走来的脚步声。

指导教授是个极其有名的音乐大师。授课的第一天，他给自己的新学生一份乐谱。"试试看吧！"他说。乐谱的难度颇高，学生弹得生涩僵滞、错误百出。"还不成熟，回去好好练习！"教授在下课时，如此叮嘱学生。

学生练习了一个星期，第二周上课时正准备让教授验收，没想到教授又给他一份难度更高的乐谱，"试试看吧！"上星期的课教授也没提。学生再次挣扎于更高难度的技巧挑战。

第三周。更难的乐谱又出现了。同样的情形持续着，学生每次在课堂上都被一份新的乐谱所困忧，然后把它带回去练习，接着再回到课堂上，重新面临两倍难度的乐谱，却怎么样都追不上进度，一点也没有因为上周练习而有驾轻就熟的感觉，学生感到越来越不安、沮丧和气馁。教授走进练习室。学生再也忍不住了。他必须向钢琴大师提出这三个月来何以不断折磨自己的质疑。

教授没开口，他抽出最早的那份乐谱，交给了学生。"弹奏吧！"他以坚定的目光望着学生。

不可思议的事情发生了，连学生自己都惊讶万分，他居然可以将这首曲子弹奏得如此美妙、如此精湛！教授又让学生试了第二堂课的乐谱学生依然呈现出超高水准的表现……演奏结束后，学生怔怔地望着老师，说不出话来。

"如果，我任由你表现最擅长的部分，可能你还在练习最早的那份谱，就不会有现在这样的程度……"钢琴大师缓缓地说。

从这个故事中，我们发现，我们原以为自己只习惯在自己熟悉的领域表现自己的能力并驾轻就熟，而事实上，如果我们自信一点，并能将那些压力转化为动力，那么，我们便能挖掘出无限的潜力，甚至可以超水平发挥！

虽然我们不得不承认，人与人之间在很多方面的差距是与生俱来的，比如长相、身材、家境等，但是，通过后天的努力，你依然可以改变很多，如个人能力、阅历。不过生活中，一些人面对与他人的差距，会怨天尤人，但抱怨并不能改变这种差距。而你要缩小这种差距，甚至超越他人，就必须挖掘自己内心的力量——自信，设置与把握正确的人生目标，以及运用这些能量向着我们所设定的目标努力，并采取一些具体的行为。而也只有这样，才能达到一种心理平衡。但这不仅仅是一种心理平衡，在富有耐心而坚毅的努力过程中，我们会比别人更珍惜时间、更有执行力，久而久之，你将逐渐显示自己的优势，超过别人，超过那些我们之前自以为不如他（她）的那些人。

的确，人世中的许多事，只要想做，并坚信自己能成功，那么你就能做成。因此，青少年朋友们，不要再因自我怀疑而止步不前了，拥有你一定能做到的信念，并立即执行吧，相信你能看到努力做事的成果。

那么，该如何破除自我怀疑呢？

1.正确认识自己，接纳自己

一个人要对自己的品质、性格、才智等各方面有一个明确的了解，方可在生活中获得较为满意的结果。除此之外，不要讨厌自己，不要以为自己羞怯就容忍自己的短处。一个人不要看不到自己的价值，只看到自己的不足，什么都不如别人，处处低人一等。

2.学会正确与人比较

拿自己的短处跟别人的长处比，只能越比越泄气，越比越自卑，一些人因为学历不如人、能力不如人便产生"无用心理"。

3.鼓励自己，给自己打气

也许现在你正在做一件难度很大的事，你会承受来自各方面的压力，你可能怀疑自己，你也想过放弃，但你必须要坚持下去。在给自己制订计划的过程中，你也要给自己打气，最终，你会看到成果。

的确，人的潜力是无穷的，如果你对自己有足够的信心，你就会发现自己原来拥有这样的潜力，原来自己可以做到许多事情，如果你想有个辉煌的人生，那就把自己扮演成你心里所想的那个人，让一个积极向上的自我意象时时伴随着自己。

第06章

了解心理防御机制

心理防御机制是自我的一种防卫功能，压力产生焦虑，个体通过一定的机制，解除焦虑，恢复心理平衡，具有积极意义和消极意义。每个成长期的青少年朋友，在你的童年或者未来，都可能曾经发生过创伤或者遭遇困难，此时，如何积极调整自我、实现自我超越，才是有意义的心理防御。

🔋 "心理防御机制"是保证你不被击垮的防御层

现在，假如有一口"鱼缸"，想要打破鱼缸，我们首先要得知什么是鱼缸，此处我们要引入一个心理学概念——"心理防御机制"。

"心理防御机制"指的是个体在遭遇挫折或者一些紧张情绪时，其在心理上具有的自觉或不自觉地解脱烦恼，减轻内心不安，以恢复心理稳定与平静的倾向。

"心理防御机制"可分为以下几种：

1.逃避性防卫机制

（1）压抑

这是多种防卫机制中最为基本和基础的方法，顾名思义就是个体将自己无法接受的那些痛苦的、具备威胁性的记忆、经验等压抑到潜意识里的一种行为。

（2）否认

这是一种原始且简单的防卫机制，顾名思义就是个体运用扭曲的方法来处理创伤、情感及感觉，以此来逃避心理上的痛苦，或将不愉快的事件"否定"，当作它根本没有发生，以此获得心理上的安慰。

"否定"与"压抑"极为相似。唯"否定"不是有目地的忘却，而是把不愉快的事情加以"否定"。

（3）退回

这是一种个体在遭遇伤害时表现出与出其年龄所不应有之幼稚行为反应。例如，已有独立能力且养成良好生活习惯的儿童因为母亲生了弟弟妹妹或者突遭家中变故，而表现出与年龄不符的尿床行为、吸吮拇指、好哭、极端依赖等婴幼儿时期的行为。

（4）潜抑

在弗洛伊德精神分析中，将这一机制描述为心理防御机制的一种表现，是指个体将意识中对立的或不能接受的创伤、痛苦、欲望、想法、情感，在不知不觉中压抑到潜意识中，以至于个体很难察觉或者无法回忆，以此来避免焦虑和痛苦。

2.自骗性防卫机制

（1）反向

当个体的动机、想法、欲望不被社会或者自己的意识所接纳时，因为担心自己会作出某一行为，便将其压抑到潜意识中，再作出相反的行为。

（2）合理

当个体的动机、想法和欲望无法实现或者无法被社会规范接纳时，会努力搜索一些合乎自己内心需要的理由，给自己找出一个合理的解释，以此掩盖自己的过失、焦虑心情或者维护自己的自尊。给自己的作为一个合理的解释，以掩饰自己的过失，减免焦虑的痛苦和维护自尊免受伤害，此种方法称为"合理化"。换句话说，"合理化"就是制造理由来解释并遮掩自我的伤害。

（3）仪式与抵消

仪式与抵消。个体犯错，无论是有意识还是无意识的，都会感到不安、内疚，尤其是当自己的过错牵连到他人时，这种感觉更是强烈了，此时，他们会用一些象征式的事情和行动来尝试抵消已经发生的不愉快事件，以减轻心理上的罪恶感，这种方式称为仪式与抵消。

（4）隔离

所谓"隔离"是把已经发生的对自己造成伤害的事实从意识中隔离开，不让自己回想起来，以免让自己出现不愉快的情绪，最常被隔离的是与事实相关的个人感觉部分，因为此种感觉易引起焦虑与不安。

（5）理想化

在理想化过程中，当事人往往对某些人或某些事与物作了过高的评价。这种高估的态度，很容易将事实的真相扭曲和美化，以致脱离了现实。

（6）分裂

有些人在生活中的行为表现，时常出现矛盾与不协调的情况。且有时在同一时期，在不同的环境或生活范畴，会有十分相反的行为出现。

3.攻击性防卫机制

（1）转移

转移是指原先对某些对象的情感、欲望或态度，因某种原因，（如不合社会规范或具有危险性或不为自我意识所允许等）无法向其对象直接表现，而把它转移到一个较安全、较为被大家所接受的对象身上，以减轻自己心理上的焦虑。

（2）投射

精神分析学者认为投射是个体自我对抗超我时，为减除内心罪恶感所使用的一种防卫方式。所谓"投射"是指把自己的性格、态度、想法和动机，"投射"到别人身上。

4.代替性防卫机制

（1）幻想

当人无法处理现实生活中的困难，或是无法忍受一些情绪的困扰时，将自己暂时离开现实，在幻想的世界中得到内心的平静和达到在现实生活中无法经历的满足，称为"幻想"。与常说的"白日梦"相似。

（2）补偿

"补偿"一词，首先出现于阿德勒的心理学中。阿德勒认为每个人天生都有一些自卑感（来自小时候，自觉别人永远比自己高大强壮，所产生的自卑），而此种自卑感觉使个体产生"追求卓越"的需要，而为满足个人"追求卓越"的需求，个体要借"补偿"方式来力求克服个人的缺陷。我们使用何种补偿方式来克服我们独有的"自卑感"，便构成我们独特的人格类型。因此阿德勒主张，欲了解人类的行为，根本上必须掌握两个基本的观念——自卑感和补偿。

5.建设性防卫机制

（1）认同

在人生中，每个人都有一些重要的事情需要去完成，而其中主要的一项就是完成"认同"的历程。"认同"始于儿童至青少年期成为主要发展任务。

（2）升华

升华一词的提出首先来自于弗洛伊德，他认为将一些本能的行动如饥饿、性欲或攻击的内驱力转移到一些自己或上升到社会所接纳的范围，就可以称为"升华"。

对于心理防卫机制，它的积极意义在于能够使主体在遭受困难与挫折后减轻或免除精神压力，恢复心理平衡，甚至激发主体的主观能动性，使其以坚强的意志力客服困难，但同时也有消极的意义，消极的意义在于使主体可能因压力的缓解而自足，或出现退缩、恐惧而导致心理疾病。

🔋 建立健康的心理防御机制，创造出自己美好的生活

前面，我们已经提及，心理防御机制是自我对本我的压抑，这种压抑是自我的一种全然潜意识的自我防御功能，有的心理防御机制有利于身心健康，有的则对身心健康有害。理想的心理防御机制是升华，是遇到挫折后，将自己内心的痛苦通过合乎社会伦理道德的方式表现出来，例如，通过艺术创作。

良好的心理防御机制还包括补偿、抵消和幽默。补偿是遇到挫折后，通过别的事物把因挫折带来的损失从内心体验到行为给予补偿过来。抵消是当欲望与现实发生矛盾的时候，以另外一种象征性的事物来缓解矛盾。幽默也就是自嘲，幽默很容易缩短与周围人的距离，而且能够帮助自己有效地寻求社会支持。

青少年朋友，你要明白，当你遭遇创伤和挫折时，心理

防卫机制会保护我们，也会损害我们的身心健康，生活中我们该建立起健康的心理防御机制，创造出自己美好的生活。事实上，在古今中外的历史上，懂得运用心理防御机制来实现超越的人数不胜数，蒂芬·威廉姆·霍金就是其中之一。

1942年，史蒂芬·威廉姆·霍金出生于英格兰。很难想象，年仅20岁的他就患上一种肌肉不断萎缩的怪病，整个身体能够自主活动的部位越来越少，以致最后永远地被固定在轮椅上。可他并没有因此而中断学习和科研，一直以乐观的精神和顽强的毅力攀登着科学的高峰。

霍金毕业于牛津大学，毕业以后，他长期从事宇宙基本定律的研究工作。他在所从事的研究领域中，取得了令世人瞩目与震惊的成就。

在一次学术报告上，一位女记者登上讲坛，提出一个令全场听众感到十分吃惊的问题："霍金先生，疾病已将您永远固定在轮椅上，您不认为命运对您太不公平了吗？"

这显然是个触及伤痛难以回答的问题。顿时，报告厅内鸦雀无声，所有人都注视着霍金，只见霍金头部斜靠着椅背，面带着安详的微笑，用能动的手指敲击键盘。人们从屏幕上缓慢显示出的文字，看到了这样一段震憾心灵的回答："我的手指还能活动，我的大脑还能思维；我有我终生追求的理想，我有我爱和爱我的亲人和朋友。"

报告厅里响起了长时间热烈的掌声，那是从人们心底迸发出的敬意和钦佩。

科学巨人霍金再次向我们证明：即使你满身缺点，你还有可以引以为豪的优点，这些优点一样可以让你自信。

的确，生活中，我们都会说，我们不能消极自卑，要建立自信与积极的心态，要勇敢面对挫折与困难，大道理谁都会说，但关键是，我们如何才能做到。

其实，在突破消极防卫、建立积极的意象之前，我们首先要做到的是要承认心理防卫机制的存在，坦然淡定地接受心理创伤自卑情结，抗拒无济于事。除此之外，我们还需要做到运用补偿心理进行超越。

这种补偿，其实就是一种"移位"，即为克服自己生理上的缺陷或心理上的自卑，而发展自己其他方面的长处，优势，赶上或超过他人的一种心理适应机制，正是这一心理机制的作用，自卑感就成了许多成功人士成功的动力，成了他们超越自我的"涡轮增压"。

亨利出生在一个贫穷的家庭，他的父亲是个裁缝，靠着给富人做衣服才能勉强维持生计。他的母亲是个洗衣工，专门给有钱人家洗衣服，缝缝补补。每到寒冷的冬天，亨利为了帮助家里节约开支，不得不挎着一个破破烂烂的篮子，四处寻找散落的煤块。为此，亨利感到很难为情，他最害怕的就是被同学们看到，遭到同学们的嘲笑。

有一天，正当亨利专心致志地找零散的煤块时，成群结队的同学们看到了他，全都无情地嘲笑他。亨利觉得难堪极了，惊慌之中甚至丢掉了破篮子，一个人不顾一切、泪流满面地跑回家。从此之后，他更加自卑、沉默，生活至于他，似乎像黑漆漆的煤块一样了无颜色。

一个偶然的机会，亨利读到了一本关于奋斗的书。书中的主人公虽然历经艰辛，备受生活的折磨，却从未放弃希望，直到坚强地经历完人生的所有不幸。亨利对主人公的遭遇感同身受，甚至想到了自己。他暗暗想道，假如我也能够这样坚强勇敢，人生一定也会变得与众不同。从此之后，亨利暗暗发誓一定要昂首挺胸，不再畏缩。在又一次提着篮子去给家里捡煤块时，亨利又遇到了那些嘲笑他的同学们。这次，他没有仓皇而逃，而是迎着他们勇敢地走上去。就这样，亨利成功了，他打败了那些孩子们，也找回了自己的尊严。从此之后，亨利奋发苦读，一鼓作气，在战胜内心恐惧的同时，也彻底改变了自己命运的轨迹。

亨利是个穷苦人家的孩子，这样的孩子因为从小就遭到他人的嘲笑挖苦和讽刺，因而总是有些胆小怯懦，甚至非常自卑。亨利也是如此。幸好，他读到了一本能够启迪他心智的书，才能够破釜沉舟，为了自己的命运奋力一搏。他战胜了内心的恐惧，也赢得了成功的人生。

生活中的青少年朋友们，你要明白，没有人是毫无缺点的，只是在我们的内心，这个缺点的份额大小问题，如果我们将缺点无限制放大，那么，它将会腐蚀我们的心，阻碍我们成功；而如果我们能正视缺点，并在心里把缺点限制在一定的范围内，它就会成为我们努力和奋斗的催化剂，助我们成功。因此，你要随时告诉自己：我是自信的，我是美丽的，我有实力，我的专业能力是最棒的！你必须有信心，对认准的目标有大无畏的气概，怀着必胜的决心，主动积极地争取！

🔩 打破心理防御机制，直面真实的自我

前面，我们已经了解了心理防御机制的心理调适作用和可能存在的负面影响，事实上，现代社会中的每个人，都悄悄隐藏了真实的自我，为了事业、为了前途，在领导、同事、朋友面前，有些人为了求平安，丢失了真实的自己，并美其名

曰适应时代潮流。而事实上，长时间的伪装只会让自己身心俱疲。不难发现，那些能追求真实的自我的人，往往过得更快乐、舒心。

陶渊明之所以归隐田园，就是因为他不愿伪装自己、屈尊与悭吝之流同流合污，李白的"仰天大笑出门去，我辈岂是蓬蒿人"也是一种写照。然而，那些以为伪装就能保全自己而最终玩火自焚的人也大有人在。

当然，现实生活中，人们偶尔带着面具与人交往，有时候并不一定是恶意的，或者是自私的，某些时候是为了顾全大局，或者为了夹缝中求生存，或者为了所谓的面子。但无论哪种目的的伪装，都是对最本真的自我的一种掩饰，都是一种身心的折磨，可以说，那些长久伪装的人，必当是身心俱疲的。生活中，许多人深感活着真不容易，大抵也就是这个原因。虽然现在不会有掉头的危险，也不用担心会留下千古骂名，但一个不会做自己的人，能有自己独到的见解吗？在碰到挫折时，能义无反顾往前走吗？这样的人，不仅会让人觉得没有原则，而且不会得到朋友、同事、领导的信任。

生活中，我们常常听到大人们教育孩子："不要太有自我，要对什么人都好。"在这种情况下，许多人学会把自己包装起来。但这样做真的会有好处吗？

我们再来看一个好学生的日记：

聪明、听话、成绩超棒、老师们都喜欢我……从小，我就是听着周围这样的赞扬长大的。周围的同学都很羡慕我，可又有多少人知道，我更羡慕他们。我知道自己并没有他们说的那么好，只是我不得不总是表现自己最好的一面。有时候，我多想做个无忧无虑的人，和其他同学一样疯玩一阵，直到大汗淋漓才停下来休息。小学时，下午第二节课后有长达半小时的课间，教室里只能留下值日生，其他人都在操场上活动。老师不允许我们剧烈运动，回教室若看到谁面红耳赤、气喘吁吁，便让他们站在门口，直到恢复平静才能进教室。尽管如此，同学们依旧先疯玩20分钟，剩下10分钟休息。而我，每次捧一本书坐在一边，却看不进什么东西。其实我也想和他们一起玩，但是我害怕。我害怕同学们说"好同学也不过如此，只会在老师面前装乖"，我害怕老师说"一点好学生的样子也没有"。每次听着老师的表扬、同学们的羡慕或不屑之词，我一阵苦笑。

有时，我也想放下那些做不完的作业，好好在周末休息，不往返于各种提优班之间。从小学三年级起，妈妈就提议问我是否要去上英语提优班。我真的不想去，其实我的英语学习才刚刚开始，我可不想基础还未扎稳就拼命跑。但是，我"很高兴"地答应了，妈妈也很高兴地为我报了名。于是，我把越来越多的时间花在上课和写作业上。纵然心中很无奈，但我知道我没有拒绝的权利。与其被动接受，不如主动迎接，这样起码妈妈是开心的。

有时，我也想放下顾虑，轻轻松松地学习，无论成绩如何，不受其他人的过度关注。每次考试，我都会尽心尽力，我的成绩与名次受很多人的关注。我不敢有稍稍的懈怠，不敢让自己的成绩下滑。每次我考试成绩都很好，父母也很高兴，我看上去也很高兴，可只有我自己知道内心的苦涩。

可能这是很多学习成绩优异的孩子们内心的声音，在荣誉的光环的照耀下，他们不得不变成父母、老师眼中的乖孩子，但他们内心的苦涩、累、害怕失败，只有他们自己知道，也许，他们失去更多的是一个孩子的真正的快乐。

诚然，现实生活中，包括成长中的青少年，都不可毫无限制地做真实的自我，毕竟，随着成长，谁也不会回到童年，不可能再是最纯真的儿童，同样，一点"心机"也没有的人不仅没有内涵，还没有成功的欲望，只能是明里吃亏，暗里受气，千疮百孔，一辈子翻不了身。但为了让自己的心灵释压，让自己快乐，你不妨放下伪装，卸下心理防御机制，做回真实的自己，你会发现，原来，你也可以不受束缚！

逃避不是心理防护，在困难面前积极调整自己

当今社会，知识和信息更新速度之快，要求每个青少年在未来都敢想敢做，也只有勇者才能事事在先，时时在前，跟近社会，做时代的弄潮儿。所以，你若想在当今的社会立足，有所成就，就要不畏惧风雨，不怕挫折，不惧坎坷。

然而，无论做什么事，都有可能遇到困难，在困难面前，大部分人会选择放弃，而只有少数人还能坚持到最后的原因不是因为在困难面前绝不逃避，而是懂得自我调整，他们坚定地相信自己坚持下去就一定会取得最后的成功，而大多数人却因为暂时的困难和挫折蒙蔽了自己看到希望的眼睛！事实上心理学理论认为，对于大多数人而言，他们在遭遇痛苦时，会选择自我逃避，这是心理防御机制在起作用，但事实上，此时的心理防护是消极的，并不能真正解决问题，反而会加深挫败感和自卑感。

1952年7月4日的清晨，浓浓大雾笼罩整个海岸，一位34岁的妇女，从海岸以西21英里的卡塔林纳岛上涉水下到太平洋中，开始向加州海岸游过去。这次，如果她成功了，她就是第一个游过这个海峡的妇女，这名妇女叫费罗伦丝·查德威克。

在此之前，她是从英法两边海岸游过英吉利海峡的第一个

妇女。当时，雾很大，海水冻得她身体发抖，她几乎看不到护送她的船。时间慢慢前行，千千万万的人在电视上看着。在以往这类渡游中，她的最大的困难不是疲劳，而是冰凉刺骨的水温。15个钟头之后，她浑身冻得发麻又很累。她感觉自己不能再游了，就叫人把她拉上船。

在另一条船上的她的母亲和教练都告诉她海岸已经很近了，叫她不要放弃。但她朝加州海岸望去，除了浓雾什么也看不到。几十分钟之后，人们将她拉上船。又过了几个钟头，她渐渐暖和了，这时她回忆起自己渡游的经历。她不假思索地对记者说："说实在的，我不是为自己推脱，如果当时我看见陆地，我能坚持下来。"人们拉她上船的地点，离加州海岸只有半英里！

后来她说，令她半途而废的既不是疲劳，也不是寒冷，而是因为她在浓雾中看不到目标。查德威克小姐一生就只有这一次没有坚持到底。两月后的一天，她成功地游过了这个海峡。她不但是第一位游过卡塔林纳海峡的女性，而且她以超出两个钟头的成绩打破了男子纪录。

这一故事中的女主人公查德威克的确是个游泳好手。为什么第一次他没有游过卡塔林纳海峡，这正如她说的，因为她看不到目标，看不到终点，最终她放弃了。而在第二次的尝试过程中，她能游过同一海峡，是因为她鼓起了勇气。这就是信念的力量。

不断进取，敢于面对一切困难，努力克服它，战胜它，这是生存的法则。相反，逃避是懦夫的行为，最终只能带来更多的危机。

恐惧是获得胜利的最大障碍。你若失去了勇敢，就等于失去了一切。而现实中的恐怖，远比不上想象中的恐怖那么可怕。很多时候，成功就像攀爬铁索，失败的原因不是智商的低下，也不是力量的单薄，而是威慑着自己的无形障碍。如果我们敢于做自己害怕的事，恐惧就必然会消失。

恐惧的表现之一通常是躲避，而试图逃避只会使得这种恐惧加倍。任何人只要去做他所恐惧的事，并持续地做下去，直到有获得成功的纪录做后盾，他便能克服恐惧。

如果你不能自己除掉恐惧，那么阴影会跟着你，变成一种逃也逃不了的遗憾。不要因为恐惧失望而害怕尝试。一旦你正面面对恐惧，很多恐惧都会被击破。既然困难不能凭空消失，那就勇敢去克服吧！

一个人绝对不可在面对恐惧的威胁时，背过身去试图逃避。若是这样做；只会使危险加倍。当然，要克服对困难的恐惧，你还是可以自我疗愈，激发自己的潜意识，告诉自己没什么可害怕的，那么，你便能逐渐变得勇敢，坦然面对困难。

遭遇创伤时，"心理防御机制"绝不是你的保护伞

前面，我们已经分析了"心理防御机制"是如何起作用的，的确，当童年的我们无法承受遭受的创伤时，就会启动"心理防御机制"，以保护童年的我们。当我们长大成人后，有力量保护自己时，"内在小孩"的反应却会再次爆发出来。然而，"心理防御机制"对我们不只是起到积极的保护作用，也有负面影响，更是成为一些人逃避问题的保护伞，而其实，"处于不幸中，垂头丧气显然于事无补，我们要做的，除了坦然面对之外，能改变的，只有自己的心。"

当生活的不幸来临的时候，积极的心态是一个人战胜一切艰难困苦，走向成功的助推器。内心不败，人就不会败。积极的心态，能激发人们自身的所有聪明才智，而消极的心态，就好似蜘蛛网缠住昆虫的翅膀一样，不断地束缚人们才华的施展。

生活中的青少年朋友们，你要知道，没有人的人生会是一帆风顺的。你的人生也才刚刚开始，然而，即使是再大的苦难，只要我们积极面对，并寻找解决方法，就能看到希望，迎

来出路。

　　有两个住在乡下的陶瓷艺人，分别叫哈利和麦克，一段时间里，他们打听到城里人开始流行使用陶罐，他们便决定将自己烧制的最好的陶罐卖到城里去，于是，他们开始努力钻研，花了十多天的时间烧制出最好的陶罐。

　　他们幻想着城里人都用上了他们的精美陶罐，而他们也能因此过上富裕的生活时，他们便兴奋不已，于是他们雇了一艘轮船，准备将所有陶罐都运到城里去。

　　然而，他们万万没想到，他们的轮船在航行中遇到了风暴，而那些易碎的陶器也成了一堆堆的碎片，他们十分沮丧，他们的富翁梦也破碎了。

　　哈利提议，先去酒店住上一晚，来一趟城里不容易，不如休息一晚后，明天再在城里四处走走，好好见识见识。而麦克则捶胸顿足地痛哭了一番后，问哈利："你还有心思去城里四处走走，难道你就不心疼我们辛辛苦苦烧出来的那些陶罐？"哈利心平气和地说："我们失去了那些陶罐，本来就够不幸的了，现在，如果我们还因此而不快乐，那不是更加不幸？"

　　听完哈利的话，麦克情绪稍稍平复了点，他觉得哈利的话有几分道理，于是跟着哈利去城里好好地玩了几天。他们意外地发现，城里人用来装饰墙面的东西很像他们烧制陶罐的材料。于是，他们索性将那些陶罐的碎片全部砸碎，做成马赛克出售给城里的建筑工地。结果哈利和麦克不但没有因为陶罐的破碎而亏本，反而因为出售马赛克而大赚了一笔。

积极的心态能使人看到希望，保持进取的旺盛斗志。消极心态使人沮丧、失望，因而限制和扼杀自己的潜能。积极的心态创造人生，消极的心态消耗人生。

在遭遇人生困境的时候，如果是轻易能够解决的问题还好，如果是棘手的、难以解决的问题，就会给很多人的人生形成分水岭。能够面对困难、迎难而上的人，最终会成为人生的强者，拥有成功的人生；在困难面前胆怯畏缩、始终无法迎接困难挑战的人，则会变得越来越怯懦，导致人生也随之变得黯淡无光，与成功绝缘。还有些人也许有勇气开始，也的确拥有了好的开端，但是最终却因为突如其来的灾难或者打击，导致半途而废。显而易见，这样的人生也是不可能成功的。

在一生之中，没有人愿意接受苦难的煎熬。然而，除了少数天之骄子能够顺风顺水地度过一生之外，大多数人都会经受苦难的磨砺。然而，面对这些苦难，只有积极的心态并不够，还需要我们有应对的方法。

阿娟高考落榜了，原本她以为自己能考进一所很好的大学。谁也想不到，她因为紧张发挥失常，与心仪的大学失之交臂。高考，在那个年代，意味着一生的梦想。阿娟觉得自己的人生垮了，她不好意思去复读，觉得太丢人了。所以，她选择在家里哭泣。几个月了，她从未出家门，每天夜里都泪湿枕巾，让父母操碎了心。

一天，去上大学的小菊回家看望父母。她是阿娟最好的朋友，还是三年的高中同窗。当听说阿娟到现在还没有走出高考落榜的阴影，小菊觉得去看看阿娟，骂醒她。看到阿娟，小菊大吃一惊。虽然时间只过去几个月，阿娟红润的脸庞已经塌陷，脸色蜡黄蜡黄的。再看看阿娟的父母，已然老了好几岁。看到小菊来了，阿娟的父母很高兴，他们知道，阿娟和小菊是好朋友。

小菊劈头盖脸地问："阿娟，你到底准备哭到什么时候？"阿娟眼睛红红地说："你去上大学了，当然不理解我的心情。我完了，这辈子都完了。"小菊嗤之以鼻，不屑地说："我不是因为你没考上大学鄙视你，但是我因为你现在的样子鄙视你。哭有用吗？今年考不上，如果想考，明年也可以考啊。如果不想考，那就该干嘛干嘛去，不上大学的人多了，人家不也活得好好的嘛！"阿娟绝望地说："不上大学能干什么，只能种地。我不想面朝黄土，背朝天。"小菊突然故作神秘地对阿娟说："阿娟，你和我去我读大学的那个城市吧，你知道吗，大城市工作机会很多，不上大学，也能找工作。再告诉你一个秘密，我们的辅导老师就不是大学生。他和你一样，高考落榜了，后来参加了工作，又自学成才，读完了研究生。现在是我们的辅导老师呢。"阿娟瞪大眼睛："你说的是真的吗？工作了，也还可以再读书？"小菊毋庸置疑地说："当然了。现在教育的方式多种多样，想要提升学历也很容易。为了替你打听这些事情，我专门去请教的辅导老师呢！"听了小菊的话，阿娟的眼睛放出了光芒。

阿娟背起行囊去了大城市打工，她不想因为自己高考失利再增加父母的负担。她要边工作，边学习，提升自己。她一定不能落后小菊，她暗暗告诉自己。

哭泣，只能发泄我们的情绪，而不管遇到什么事，我们都不能永远地沉迷于情绪之中。再悲伤，再绝望，情绪都终究要散去。如果一直沉浸在负面情绪中不能自拔，每天哭肿了眼睛，最终的结果只能是耽误自己的前程，使自己的人生沉沦，再沉沦。阿娟很幸运，有小菊这个好朋友。小菊给她指出了一条道路，让她重新看到生活的希望。未来，阿娟一定会走出属于自己的人生。

第07章

寻找疗愈的力量

　　心理学家称，意识决定行为、心态和语言等，而人类是可以决定自己的潜意识的，关键就是要控制你的思想。青少年朋友，你要知道，你在想什么，要变成一个怎样的人，都是由于你的思想决定的，所以对于心理健康问题，你也可以做自己的心理医生，只需要你掌握心理自我疗愈的方法，你就能把自己历练成一个快乐、阳光、积极、坚强的人。

学会自我疗愈，走出心理牢笼

我们都知道，人的心灵也和身体一样，是有一定的承受负荷的能力的，一旦超过了承受能力，就会造成心灵的创伤。此时，人的心理状态和精神面貌都会变得消极，在我们的生活中，这样的情况随处可见。

美国心理学家协会的心理学家经过研究和分析后得出一点，人们可以通过心理自我疗方法来清除心理阴影。

我们来看看陈娟女士的故事：

陈娟今年36岁了，还带着一个5岁的儿子天天。一年前，儿子4岁的时候，她和老公离了婚。离婚之后，陈娟的心情特别差，如果不是为了儿子，她甚至一度想到自杀。当初，陈娟之所以和老公离婚，是因为老公在外面有了第三者。因此，陈娟对这件事情久久不能释怀，即使离婚之后，只要想起这件事情，她就觉得想歇斯底里地发作一番。的确，对于任何女人而言，都很难容忍自己的老公出轨。为此，陈娟变得越来越抑郁、暴躁。离婚一年多之后，曾经有很多人给陈娟介绍过对象，但是，陈娟觉得自己离婚了，还带着个孩子，所以根本不可能找到真心爱自己的人。就像当初，她和老公也是自由恋爱的，感情非常好，但是现在却以这样的结局收场。所以，陈娟对婚姻失去了信心，也对自己失去了信心。她一个人带着孩子艰难地生活，每到夜深人静的时候，想起往事，陈娟总是心如刀绞。

转眼之间，又过了两年。一个偶然的机会，陈娟认识了吴凯。吴凯比陈娟小两岁，一直单身。吴凯很喜欢天天，每到周末的时候，就会主动要求带天天出去玩。和妈妈在一起生活久了，天天刚开始的时候很胆小，但是自从和吴凯出去玩之后，变得越来越开朗、自信了。其实，陈娟知道吴凯的心思，不过，陈娟还是很害怕，她不相信吴凯是真心接受天天的，更不相信吴凯是真心喜欢自己的。即使是真心的，她也不相信吴凯这是考虑成熟的决定，而认为吴凯所做的一切只是一时冲动。虽然陈娟表面上很平静，但是内心却很痛苦，她一直在挣扎，不知道自己到底是应该接受吴凯，还是不接受。后来，陈娟开始阅读一些心理学书籍，开始找到心理自愈的方法。

一次，忙碌之余，她按照书上介绍的方法开始进行自我暗示："你想象一下，在某个周末的下午，阳光温暖，吴凯带着你和天天，开车来到野外，你的身后是以一片草地，你们在草地上玩耍、嬉戏，吴凯为你和天天拍照……"想到这里，陈娟的嘴角流露出一丝微笑。

陈娟明白，自己是内心是喜欢吴凯的。

后来，陈娟将自己的经历告诉了闺蜜刘阳，刘阳对她说："我想，你应该承认，你对吴凯是有好感的对吗？"陈娟不好意思地点了点头。

刘阳继续说："其实，你的心结在于你不相信有人会真的爱上一个离婚的而且还带着孩子的女人。"陈娟又沉默地点了点头。

"你应该对自己有信心。即使你离婚了，还带着孩子，而且遭遇过一个男人的背叛，但是这并不意味着你不能开始一段新的感情，也并不意味着世界上没有地久天长的爱情。实际上，不是别人接受不了你，而是你自己没有接受自己，你自己太介意离婚的经历了，所以你才会觉得每个人都介意。而真相是，爱情是这个世界上最神奇的东西，很多时候，真爱能够摒弃一切世俗的观念。你要相信，如果一个人爱你，他爱的就是现在的你，虽然离过婚，还做了母亲，但是你有小姑娘所没有的成熟，而且历经沧桑之后，你必然更懂感情。只要你自己从心底里接受了自己，你就不会再感到犹豫和纠结了。"听了闺蜜的疏导，陈娟解开了心结，决定重新面对生活和爱情，也决定和吴凯正式地相处一段时间。让她想不到的是，她刚刚从心底里放下了自己之前的经历，就感到非常轻松。和吴凯在一起，她找到了初恋的感觉。

正如故事中的陈娟的闺蜜刘阳所说的那样，很多时候，自己是自己最大的障碍。故事中的陈娟，之所以那么痛苦和纠结，就是因为没有接受自己过往的经历，并且因此而耿耿于怀。在进行了自我调节后，她解开了心结。

其实，很多时候，一个人不能以正确的心态去面对生活，不能心平气和，是因为他们存在某种心理阴影。荣格曾经问过，你到底是想做一个完整的人，还是想做一个好人？无疑，在这个世界上根本就没有十全十美的人，因此，每个人身上都有连自己都不愿意触碰的阴暗面，是的，就是这样，不仅亲人朋友不愿意接受，连我们自己也不想面对。

同样，对于青少年朋友来说，在你成长的路上，也可能有过心理创伤、童年阴影等，那么，我们该如何挖掘并且赶走这些心理阴影？

心理学家的建议是，我们每个人都可以当自己的心理医生，运用自我疗愈法，能使人处于完全放松的状态，能让人卸下伪装、袒露自己的心声，也能让人正视自己的心理阴影，从而逐渐摆脱和克服它。

🔋 与内在的自己对话，是自我疗愈的关键

生活中的每个人，也包括着青少年朋友们，我们每天从一睁眼开始，都在与这个世界相处，但很少有人学会与自己相处，正因为这样，我们内心的悲伤才会越来越多，事实上，每个人都应该像培养一些生活仪式一样，也学会与自己的内心对话。因为学会跟自己的心对话，弄明白自己心里的真实想法，这是自我疗愈、抚平内心伤口的关键。

爱因斯坦小时候是个十分贪玩的孩子，他的母亲常常为此忧心忡忡。母亲的再三告诫对他来说如同耳边风。直到16岁那年的秋天，一天上午，父亲将正要去河边钓鱼的爱因斯坦拦住，并给他讲了一个故事，正是这个故事改变了爱因斯坦的一生。

父亲说："昨天我和咱们的邻居杰克大叔去清扫南边的一个大烟囱，那烟囱只有踩着里面的钢筋踏梯才能上去。你杰克大叔在前面，我在后面。我们抓着扶手一阶一阶的终于爬上去了，下来时，你杰克大叔依旧走在前面，我还是跟在后面。后来，钻出烟囱，我们发现了一件奇怪的事情：你杰克大叔的后背、脸上全被烟囱里的烟灰蹭黑了，而我身上竟连一点烟灰也没有。"

爱因斯坦的父亲继续微笑着说："我看见你杰克大叔的模样，心想我一定和他一样，脸脏得像个小丑，于是我就到附近

的小河里去洗了又洗。而你杰克大叔呢，他看我钻出烟囱时干干净净的，就以为他也和我一样干干净净的，只草草地洗了洗手就上街了。结果，街上的人都笑破了肚子，还以为你杰克大叔是个疯子呢。"

爱因斯坦听罢，忍不住和父亲一起大笑起来。父亲笑完后，郑重地对他说："其实别人谁也不能做你的镜子，只有自己才是自己的镜子。拿别人做镜子，白痴或许会把自己照成天才的。"

的确，正如爱因斯坦的父亲所说，我们只能做自己的镜子，照出真实的自我。生活中的人们，从爱因斯坦的故事中，你也应该有所感悟，也应该从这个故事中有所感悟，追求理想固然重要，但在这个过程中，如果不留一只眼睛给自己，那么，你只会迷失自己；你要学会静下心来不断叩问自己内心深处发出的声音，学会与内在的自己对话，才能及时清除心理垃圾，进而继续轻装上阵。

那么，我们究竟如何才能做到这一点呢？

1.要学会面对真实的自己

我们只有独处、与自己的内心对话，才能看清楚自己的真实想法，找到最本真的自我，最终了解自己到底要什么。

2.要常常思考自己的言行

唯有与自己的内心对话，才是最佳的反省方式，比如，当你所做的事情或所说的话伤害了别人之后，你的内心中也会有一个对错的判断。可能你嘴上不承认自己错了，可当你面对自己的时候，你会慢慢意识到自己的错误，会觉得确实话说的不合适，事做的不合适。

3.学会分析自己的行为动机

很多时候，也许你做事情并没有那么多理由，脑子里会有很多稀奇古怪的想法。或许你对自己说只是喜欢而已，可是任何人不会做没有理由的事情，不会说没有理由的话。所以，一定要多问问自己为什么要这么做，为什么会有这样那样的想法。当你想清楚的时候，你就知道自己是否真的做错了。

4.坚持内心的正直和善良

我们内心之中常常会非常矛盾，尤其是进行自我评定的时候，或者是在抉择的时候，内心之中总是有两个自己在不停地打架。要么这样，要么那样，不同的抉择会有不同的结果。可是未来是不可预知的，但无论如何，我们要坚持内心的正直和善良，不要随便败坏自己。或许你只是一念之差，却会把你的整个人生毁掉。

因此，每个青少年朋友，都要在学会从人群和烦琐的事务中抽身出来，这时候，我们独自面对自己和上帝，开始了理智与心灵的最本真的对话。诚然，与别人谈古论今、闲话家常能

帮我们派遣内心的寂寞，但唯有与自己的心灵对话、感受自己
的人生时，才会有真正的心灵感悟。和别人一起游山玩水，那
只是旅游；唯有自己独自面对苍茫的群山和大海之时，才会真
正感受到与大自然的沟通。

找出痛苦的症结，保持心理健康

　　研究发现，很多有精神问题的患者患病是有一个过程的，
他们的潜意识中长期存在一些被压抑的情绪体验，或者曾经受
到过某种心灵创伤，并且，这些焦虑症状早已通过其他形式体
现出来，只是患者本人没有对自己的情况引起重视。

　　精神分析学创始人，著名心理学家弗洛伊德曾说过这样一
句话："人们所有的心理疾病其实全部是来源于被压抑的本能
欲望或者错误转换在潜意识中形成的一种错误的暗示。"那么，
如何删除错误的暗示呢？这就需要我们学会心理自我疗愈。

　　为此，在自我疗愈的过程中，我们建议，要保持心理健
康，首先要找到心中痛苦的症结。

　　天天是一名品学兼优的学生，他马上就要硕士毕业了，但
一直以来，他的心里都有解不开的结，他很不合群，总是莫名

其妙的悲伤，他也不知道是什么原因。最近，他在网上无意间发现，原来催眠是一项神奇的技术，也许可以帮助到自己。

于是，这天，他来到了催眠室，在催眠师的引导下，他进入了催眠状态，并道明了自己心中的苦楚。原来事情是这样的："其实，以前我的人际关系很好，即使现在，其实大家也不讨厌我，我一直比较乐观阳光，只是一件事，我很痛苦，就是自己是乙肝病毒携带者，自卑过，担心自己即使念到硕士，怕还是找不到工作，我是从山沟里走出来的，怕父母失望。这病是我经过的最痛苦的事情了。"

原来事情是这样的，在利用催眠法找到了天天的症结之后，等天天从睡梦状态清醒后，催眠师继续说："其实，天天，你知道吗，和你的这件事比，这根本不算什么，前些天，我就知道在你们学校，有个男孩出车祸了，居然一夜之间成了残疾人，其实，你比他幸福得多。不过我很荣幸，今天你能把这些话都告诉我。你可以多去孤儿院、敬老院看看，去感受真实的生活，半个月以后，你再来找我。"

按照催眠师的话，半个月以后的天天又来到了催眠室，但是此时的他好像完全变了一个人，精神状态好很多了，他还告诉催眠师，原来这个世界上比他悲惨的人太多了，自己的事根本不值一提，最近，他已经提前和一家外企签约了，新生活很快就来了。

这则故事中，催眠师通过催眠方法找到了天天痛苦心理的根源，然后进行心理疏导，进而让他摆脱了痛苦的心理。

心理学家指出，心理催眠能放松人的身心，让人进入无意识状态，求助者能把自己的身心完全交给催眠师，把催眠师当成最信任的人，进而愿意将心底所有的秘密告诉催眠师，并愿意接受催眠师的意见和指导。

事实上，很多数据和事实一再说明了这样一个令人感到遗憾和痛心的现象：有心理障碍甚至是心理疾病的人，并最终想不开的人，大多数都是从来没有寻求过心理帮助。我们发现，在现实生活中，一些人之所以选择了轻生的道路，就是因为他们有过多的心理压力而又不选择倾诉。现实中多数人还是回避自己的心理问题，不去勇敢地正视和面对它，没有积极地进行规范治疗，结果导致悲剧事件屡屡发生。

因此，生活中的青少年朋友，一旦发现自己有焦虑情绪，就应该学会心理自愈，学会自我调节、自我调整，把意识深层中引起焦虑和痛苦的事情发掘出来，必要时可以采取合适的发泄方法，将痛苦和焦虑的根源尽情地发泄出来，经过发泄之后症状可得到明显减缓。

弗洛伊德曾说，人都是有人格的，人们现实生活中的人格是"转换模式的集成",人也都是有本我的,一个人的本身代表着的就是本能欲望,我们要根治心理疾病,是不能消除欲望的,在这样的情况下,我们也就只能删除人的转换模式了,然后,我们能重新塑造出一个人的人格,也可以说,重塑人格是解决所有问题的关键,只有做到这一点,一个人才会否定从前的自己,肯定现在的自己,才能重新为人。

因此,要获得心理上的健康,就要找到心理问题的症结,方法有很多,可以进行自我暗示,可以自我催眠,可以回忆,但无论如何,青少年朋友要想塑造全新的自我,就要愿意改变并真正做出实际努力,这样,每个人的心理问题都是可以被治愈的。

训练自我认知的能力,是自我疗愈的基础

在哈佛大学,心理学教授丹尼尔·吉尔伯特曾见过这样一个姑娘:衣衫不整、蓬头垢面,但长得很美。吉尔伯特教授跟她聊天,她也心不在焉,教授沉默了一会儿,突然问她:"孩子,你难道不知道你是个非常漂亮、非常好的姑娘吗?""您说什么?"姑娘惊喜地问,美丽的大眼睛里泛着泪光。原来,在日常生活中,她所面对的是同学的嘲笑、母亲的谩骂,以至

于她失去了自我认知的能力。子曰："不患人之不知己，而患人之不己知。"对于每一个人来说，最担心的事情就是不够了解自己，不能清楚地认知自己。因此，成长期的青少年朋友，要学会自我疗愈，就要善于剖析内心，让自己拥有自我认知的能力。

扁鹊是战国时代有名的医学家，魏王曾问他："你家兄弟三人，谁的医术最高？"扁鹊回答："大哥第一，二哥第二，我是最差的。"魏王又问："那怎么你两个哥哥默默无闻，而你却名声大振？"扁鹊回答说："大哥治病是防患于未然，把病消灭在萌发之中，所以在人还不知道的情况下，就把病看好了；二哥是在发病初期，给人治病，只能闻名于乡里；我呢，只有病人生命垂危，病入膏肓，才给他们动手术，就是看好了，也得落下个后遗症，但世人都认为我救了他们的命，所以名扬天下。"

一个人名声的好坏、能力的高低，是别人从事物的外表下的定义，根本就不是这个人的本质，自己真正的能力，只有自己心里最清楚。而人们所缺乏的就是自我认知的能力。只有清楚地认知了自己，才有可能获得成功的人生。然而，一个人最难认知的就是自己的内心，最难以回答的就是：我是谁？我想要的生活是什么？不过，当你清楚地认知了自己，就能够在这个世界上找到最基本的出发点，就能够去善待他人。

年轻时候的富兰克林很自负，有一次，一个工友把富兰克林叫在一旁，大声对他说："富兰克林，像你这样是不行的！凡事别人与你意见不同的时候，你总是表现出一副强硬而自以为是的样子，你这种态度令人觉得如此难堪，以致别人懒得再听你的意见了。你的朋友们都觉得不同你在一起时比较自在些，你好像无所不知、无所不晓，别人对你无话可讲了，他们都懒得来和你谈话，因为他们觉得自己费了力气反而感到不愉快，你以这种态度来和别人交往，不去虚心听取别人的见解，这样对你自己根本没有好处，这样你从别人那里根本学不到一点东西，但是实际上你现在所知道的却很有限。"富兰克林听了工友的斥责，讪讪地说道："我很惭愧，不过，我也很想有所长进。""那么，你现在要明白的第一件事就是，你已经太蠢了，现在还是太蠢了！"这个工友说完就离开了。

　　这番话让富兰克林受到了打击，他猛然醒悟了过来，他开始重新认识自己，与内心作了一次谈话，并提醒自己："要马上行动起来！"后来，他逐渐克服了骄傲、自负的毛病，成为了著名的科学家、政治家和文学家。

　　我们需要拥有全面认识自己的能力，全面认识既包括优点也包括缺点。一旦我们没有真正地认识自我，将导致内心自负或自卑等心理，最终这些负面的心理会影响到我们一生的发展。哈佛大学作为世界的一流学府，能在那里学习的学子必定拥有卓越的人才，但总是有一些自以为是的学生，他们缺乏一定的自我认知能力。

朗费罗说："别人借我们的过去所做的事来判断我们，然而，我们判断自己，却是凭将来能做些什么事。"通过认知自己到孕育自己，这是一个美好的人生历程。自我认知是一种严谨的人生态度，自信而不自满，无论是春风得意还是失败困惑，我们依然保持最平常的心态。

因此，青少年朋友们，在忙碌之后都要不忘与自己作一次深入的交谈，从而拥有自我认知的能力，最终找到前进的方向。

心理学家认为，一个全面客观的自我剖析包括：

1.发现你的优势

你首先是明确自己的能力大小，给自己打打分，通过对自己的分析，旨在深入了解自身，从而找到自身的能力与潜力所在：

①我因为什么而自豪？通过对最自豪的事情的分析，你可以发现自身的优势，找到令自己自豪的品质，譬如坚强、果断、智慧超群，从而挖掘出我们继续努力的动力之源。

②我学习了什么？你要反复问自己：我有多少科学文化知识和社会实践知识？只有这样，才能明确自己已有的知识储备。

③我曾经做过什么？经历是个人最宝贵的财富，往往从侧

面可以反映出一个人的素质、潜力状况。

2.挖掘出自己的不足

①性格弱点。人无法避免与生俱来的弱点，必须正视，并尽量减少其对自己的影响。比如，如果你独立性太强，可能在与人合作的时候，就会缺乏默契，对此，你要尽量克服。

②经验与经历中所欠缺的方面。"人无完人，金无足赤"，每个人在经历和经验方面都有不足，但只要善于发现，只要努力克服，就会有所提高。

3.常做自我反省，不断进步

日本学者池田大作说："任何一种高尚的品格被顿悟时，都照亮了以前的黑暗。"只要你能做到自省，就有了一种高尚的品格！当你取得了一定的成绩后，切不可沾沾自喜、妄自尊大，要知道，人最难能可贵的就是胜不骄败不馁，懂得自我反省，才会不断进步。

删除悲伤，快乐不期而至

人生苦短，有喜就有悲，正如天气有晴有阴一样，阳光不会一直照耀着我们。正如旅途一样，生命之旅也不会一帆风顺，总会有羁绊出现。那些羁绊、那些不如意，难免会使我们悲伤，但如果我们在人生的路上，把悲伤都逐个装进行囊，那么，恐怕我们的路会越走越艰难，步子也会越来越沉重。而只有放下悲伤，让内心装满快乐，才能轻松上路。每个成长期的青少年朋友们，尽管你的人生才刚刚开始，但你也只有学会及时清除悲伤，才能保持快乐。

然而，现实生活中，总有人一味沉溺在已经发生的事情中，不停地抱怨，不断地自责。这样只会将自己的心境弄得越来越糟。这种对已经发生的无可弥补的事情不断抱怨和后悔的人，注定会活在迷离混沌的状态中，看不见前面一片明朗的人生。之所以这样，是因为经历的磨炼太少，正如俗语说的那样：天不晴是因为雨没下透，下透了，也就晴了。

尘世之间，变数太多，事情一旦发生，就绝非是一个人的心境所能改变的。伤神无济于事，郁闷无济于事，一门心思朝着目标走，才是最好的选择。相反，如果跌倒了就不敢爬起来，就不敢继续向前走，或者就此决定放弃，那么你将永远止步不前。

放下悲伤才能重新起航。青少年朋友们，别以为胜利的光芒离你很遥远，当你揭开悲伤的黑幕，你会发现一轮火红的太阳正冲着你微笑。请用一秒钟忘记烦恼，用一分钟想想阳光，用一小时大声歌唱，然后，用微笑去谱写人生最美的乐章。

著名潜能开发大师迪翁有个可爱的女儿，但一场意外，让这个可爱的小女孩失去了小腿，当迪翁从韩国的演讲赛上赶到医院时候，他第一次发现自己的口才不见了。可是女儿却察觉父亲的痛苦，就笑着告诉他："爸爸！你不是常说，任何一个苦难与问题的背后，都有一个更大的幸福吗？不要难过呀！这或许就是上帝给我的另一个幸福。"迪翁无奈又激动地说："可是！你的脚……"

小女儿非常懂事地说："爸爸放心，脚不行，我还有手可以用呀！"

听了这样的话，迪翁虽有几分心酸，可也欣慰不已。

两年后，小女孩升入中学了，她再度入选垒球队，成为该队有史以来最厉害的全垒打王！由于她的腿不能走路，她就每天勤练打击，强化肌肉。她很清楚，如果不打全垒打，即使是深远的安打，都不见得可以安全上垒。所以唯一的把握，就是将球猛力击出底线之外！

迪翁常常用一句话来激励人们进行积极思考："任何一个苦难与问题的背后，都有一个更大的幸福！"这是他的招牌话术，他的女儿更是积极乐观的，在最艰难的时刻，她留给人们的依然是微笑，因为她相信父亲的那句话"任何一个苦难与问题的背后，都有一个更大的幸福"，于是，灾难变得不再可怕，而她本人也更有能力面对那场艰难的挑战。

在人生的路上，在我们追求前方的成功之时，突然被无情的挫折打倒，我们痛苦悲伤，那些无穷尽的悲伤霎时间袭向我们，当一次次的努力尝试无果的时候，我们要开始反思了，反思自己是否被悲伤压抑得丧失了原本的能力。

日本作家中岛薰曾说："认为自己做不到，只是一种错觉。"悲伤是一种消极的情绪，它会让你产生挫败感，你会认为自己什么都做不到，而实际上，很多时候，正当你绝望时，希望就在前方等着你。因此，只要你放下悲伤，以积极的心态去面对生活的挑战时，你的生命才会有无限的可能。

使你感到悲伤的，一般都是过去的失败，过去难以磨灭的痛苦记忆，可能你也深知，只有放下悲伤才能快乐，但在你的内心始终难以从过去的悲伤中跳出来，那么，你不妨从反方面思考一下，过去的已经过去，一味地沉溺在过去的悲伤中，不是也无济于事吗？既然如此，那么就忘记过去的成功与失败吧，给自己一个全新的开始，我们便会从未来的朝阳里看见另一次成功的契机。记住，无论你在人生的哪个时刻，被命运甩进黑暗，都不要悲观、丧气，这时候，你体内沉睡的潜能最容易被激发出来。放下痛苦才能赢得幸福，放下烦恼才能赢得欢乐！

因此，抛却那些伤心的往事吧，抛却那些失败后的懊恼吧，若想开心生活，就必须勇于忘却过去的不幸，重新开始新的生活。莎士比亚说过："聪明的人永远不会坐在那里为自己的损失而哀叹。他们会用情感去寻找办法来弥补自己的损失。"

总之，快乐的人总会给自己创造快乐，悲伤的人也总让自己变得悲伤，不是生活让你怎么样，而是你使得生活怎么样。每个青少年阶段的孩子，你都是自己快乐的钥匙，只是需要你去找到它。

防治心理健康问题，远离隐形杀手

在现代社会，我们每个人，不仅需要生活的安全感，更需要生活的幸福感。在安全感的前提下，如何幸福健康地生活，实现和谐人生，不仅是现代人关心的，更是我们每个人心中都渴望的。因此，关注人类的幸福感、引导人们拭净心灵之窗、远离隐形杀手是每个人追求的目标，也是整个社会的共识。

现代医学研究显示：心理和社会因素是决定人的身体是否健康的重要因素，有心理研究对此表明一点，那些家庭幸福、婚姻美满、人际关系和谐的人，其身体患病的几率明显低于那些内心孤独、缺少幸福感的人。

　　事实上，出于各种原因，每个青少年在成长路上都会遇到挫折、困难。对此，你要有科学的世界观、正确的人生观及辨证的思维方法，才能适应客观现实，减轻心理压力，提高免疫力。

　　不过，目前对青少年心理健康尚无统一公认的标准。综合多数心理学家和医学家的观点来看，青少年心理健康起码应具有如下标准：

　　①身体健康，智力正常。身体健康、智力正常是衡量心理健康最重要的标准之一，是正常生活工作的基本条件。

　　②人格完整，意识良好。心理健康的青少年胸怀坦荡，言行一致，表里如一，热爱生活，兴趣广泛，具有良好的自我意识，并自尊自爱，尊重他人，善于调节自己的言行举止，使其性格、情感都能符合其年龄特点。

　　③乐于交流，善于结友。具有良好的人际关系，善于结交知心朋友，友好相处。对矛盾和分歧，能正确对待，妥善处理，并有乐于助人的愿望和行为。

　　④情绪稳定，乐观开朗。情绪是心理健康的温度计；乐观能使人心情开朗。保持相对的乐观、稳定的情绪，就能在顺境中积极向上、谦虚谨慎，在逆境中意志顽强并能战胜困难。

　　⑤有所追求，积极进取。能树立正确的世界观、人生观、价值观，有理想、有信念、有追求，敢于面对现实，勇于承担

责任。

因此，从心理角度看，青少年一旦有心理问题，要学会自我调节和自我疗愈，心理健康存在问题会导致很多危害：

伤及自己：有心理问题乃至心理疾病的人可能会选择自残乃至自杀的方式伤害自己。据临床调查，自杀率最高的精神心理疾病是抑郁症，其自杀危险高于一般人的25~50倍；其次是精神分裂症，在死亡的精神分裂患者中约占13％。

祸及他人：当精神心理疾病患者出现危险行为攻击他人时，被攻击者在毫无防备的情况下，往往会造成身体或心理上不同程度的伤害，而被攻击者往往是患者周围的人。

殃及家庭：精神心理疾病不仅因病态行为给家人造成身体乃至生命上的伤害，还会造成家庭经济状况及家人生活质量的下降、精神负担加重等情况，尤其对未成年人的心理发育有极大的负面影响。

危及社会：有的精神心理疾病患者难以走出心理误区，偏执记恨于政府、社会，有的甚至采取过激行为，给社会的稳定造成不良影响。

的确，经济的发展，青少年的学习压力加剧，生活节奏的加快是现代都市人们的生活特征，心情不好要找适当的方式进行宣泄，学习累了可以停下脚步歇一歇，让紧张的大脑放松。

第08章

直面伤害，走出创伤

人生路上，也包括成长中的青少年，谁都有过去，有他人的伤害，有悲惨的童年，也可能有难以释怀的失败。然而，无论过去经历了什么，你只有坦然面对、接纳和包容，才能洗涤我们的心灵，才能给别人带来爱，也唯有如此，你才能以更积极健康的状态面对未来，才能让你的生活更美好。

忘记他人的伤害，内心才能真正舒展

人生在世，人生苦短，幼时不知世故、青葱茫然四顾、青年为前程奔波、中年为生活所累、春去秋来老将至，病痛又不邀而至……我们的一生始终没有停止过。然而在这短短的人生旅途中，我们难免遭到别人的伤害，对此，你是否怨恨，是否悲伤？其实，如果真的能够抛掉这许多的怨恨，以博大的胸怀去宽容别人，会是一种很高的人生境遇。

宽容是一种美德，是对犯错误的人的救赎，也是对自己心灵的升华。生活中的青少年朋友，当别人伤害了你，不要总是想着对方如何得罪了你，给你造成了多少的损失，要想想对方的行为是不是值得你去如此发火。他是故意的还是无心的？平日待你如何？给对方一个机会，就是给自己一个机会。对于一些人，原谅，远远要比惩罚来得有效。也许只是一时的失误，也许只是一闪而过的歪念，人总有犯错误的时候，不要过于苛刻。因此，我们都要忘记受过的伤害，这样内心才能真正舒展。

有这样一个真实的故事，它发生在"二战"时期。

一支部队在森林中与纳粹军队相遇并发生激战，其中两名战士最终与自己的队伍失去了联系，没有人知道他们在哪里，所有人都以为他们牺牲了。

他们来自同一个淳朴的小镇，镇上的人彼此都认识，所以大家像一家人一样。他们俩是很要好的朋友，在此次生死未卜的战斗中，互相照顾、彼此不分。

与队伍失散后，两人在森林中艰难跋涉，互相鼓励、安慰。十多天过去了，他们没有看到一个人影，回到部队的希望越来越渺茫，更严重的是，因为战争的缘故，动物四散奔逃或被杀光，致使两个人的生存也面临着挑战。

就在他们奄奄一息之际，他们幸运地打死了一头鹿，看来天无绝人之路，依靠鹿肉又可以度过几日了，这让他们着实兴奋了好长一段时间。但在这以后，他们再也没看到任何动物。仅剩下的一些鹿肉，背在年轻战士的身上。生存又成了问题。

有一天，他们在森林中寻找食物时不幸遇到了敌人，经过再一次激战，两人又一次巧妙逃脱，就在他们自以为安全时，只听到一声枪响，背着鹿肉走在前面的年轻战士中了一枪，这一枪打在肩膀上。后面的战友惊恐地跑了过来，他害怕到语无伦次，抱起倒在地上的战友泪流不止，并赶忙把自己的衬衣撕成条来包扎战友的伤口。

夜深了，受伤的战士肩膀上包扎的衣服一片血红，他对于自己的生命并不抱任何希望。而那位没有受伤的战士两眼直勾勾的，嘴里一直叨念着母亲。用来救命的鹿肉谁也没有动，他们都以为自己的生命即将结束。那一夜令两个人都终生难忘。

天知道他们是怎么过的那一夜。第二天，他们被自己的部队发现了，当太阳升起的时候，他们获救了。

故事发展到这里，似乎告一个段落，是个喜剧结局。

但事隔30年，那位受伤的战士安德森说："我知道谁开的那一枪，他就是我的老乡、战友"。这实在是太惊人了。

安德森平静地说："他去年去世了，否则我永远都不会说出来，如果我死在他前面，我会让这个事烂在肚子里。那年在森林里，当他抱住我时，他的枪筒还在发热，我顿时明白了，他想独吞我身上带的鹿肉活下来，但当晚我就宽恕了他。因为我知道他活下来是为了照顾他的母亲。此后30年，我装着根本不知道此事，也从不提及。战争太残酷了，没有纳粹的存在，就不会有这样的悲剧。令人难过的是，他的母亲还是没有等到他回来就撒手去了。我和他一起祭奠了老人家。他跪下来，流着泪请求我原谅他。我拥抱着他，不让他说下去。于是，我宽恕了他，我的心没有仇恨，异常的平静。我没有失去什么，我们又做了二十几年推心置腹的朋友。"

故事中主人公安德森是豁达的，面对朋友对自己的伤害，他选择了忘却。忘却就是一种宽容，人人都有痛苦，都有伤疤，动辄去揭，便添新创，旧痕新伤难愈合。忘记昨日的是非，忘记别人先前对自己的指责和谩骂，时间是良好的止痛剂。学会把伤害留给自己，把宽容留给他人，生活才有阳光，才有欢乐。

然而，在激烈的社会竞争面前，在利益至上的商业时代，宽容与忠厚似乎成了无用的别名，但每个渴望获得幸福和安宁的孩子们，都不要忘记：宽容是一种爱，豁达是一种智慧，这会让你的生活无限美丽。征服人心不靠武力，而是靠爱和宽容。成大事者，无不具有宽容的品质，谁若想在困厄时得到援助，就应在平时宽以待人，让他人心存感激。爱心永存，就可以在人生旅途中顺利地前进。

命运不是不可改变和主宰的。如果我们以自己的心灵为根本，以生存和发展为动机，去追求平和豁达的心态，那么命运就可以被改变主宰。包容是对自己的理解和体谅，不将小事时时挂在心上，因而心平气和不计得失，自然不会无事生非自寻烦恼。豁达是一种爱，你要相信，斤斤计较的人、工于心计的人、心胸狭窄的人、心狠手辣的人……可能会一时占得许多便宜，或阴谋得逞，或飞黄腾达，或风光占尽，或独占鳌头……但用宽容所付出的爱，在以后的日子里总有一天一定会得到回报，也许来自你的朋友，也许来自你的对手，也许来自你的上司，也许更是来自时间的检验。

因此，你若想拥有一个成功的人生，就必须有豁达、包容的心，去容纳别人的伤害，你的人生境界将变得更加开阔。

正视失败，别让消沉磨灭你的激情

生活中，几乎每个人都期望一帆风顺，人们希望的是，哪怕没有鲜花和掌声，也不要荆棘密布，更不要狂风暴雨。其实，这是不可能的，但如果你希望获得成功，就必须具备的一个要素——智慧，然而，智慧从何处来？智慧的来源大致有以下三个方面：一是从你的知识而来；二是从你的经验而来；三是从自我反省而来。但无论如何，有智慧的人总是能坚持到底、充满自信，有燃烧不完的激情，他们无论遇到什么，都不会消沉下去，他们无不是个自主的人，他们走自己的路，不为路上的任何风景分神。

青少年朋友们，你是否也曾经遭遇过失败？你是否考试失利？你的健康是否出现过问题？你是否意志消沉过？你是否曾努力学习但还是没有取得好成绩？其实，你不要害怕，即使遇到这些情况也不要阻挡你达成最后的目标，因为失败只是我们在寻找胜利路途上的一小部分而已，伟大的成功通常都是在无数次的痛苦失败之后得到的。大剧作家兼哲学家萧伯纳曾经写道："成功是经过许多次的大错之后得到的。"

一位画家把自己的一幅佳作送到画廊里展出，他别出心裁地放了一支笔，并附言："观赏者如果认为这画有欠佳之处，请在画上作上记号。"结果画面上标满了记号，几乎没有一处不被指责。过了几日，这位画家又画一张同样的画拿去展出，不过这次附言与上次不同，他请人们观赏者将他们最为欣赏的妙笔都标上记号。当他再取回画时，看到画面又被涂满了记号，原先被指责的地方，却都换上了赞美的标记。

这位画家不受他人的操纵，自信而不自满，善听意见却不被意见所左右，执着但不偏执，表现出了一个自信的人所应有的风范。如果画家在受到指责之后，沮丧不已，认为自己不行，他可能就此消沉下去，没有信心再继续从事美术创作了。

"天将降大任于斯人也，必先苦其心志，劳其筋骨，饿其体肤……"磨难，是人生乐曲中一个不可缺少的插曲。一个人要想有所作为就必须经历一翻磨难，而且是比正常人更多的磨难。磨难，能启迪人的智慧，锻造出成功，没有磨难的人生是枯燥的，是不完整的。然而，并不是所有人都能正视磨难的作用，也就不是所有人都能真正地从磨难中有所收获。有的人会更坚强，更富有战斗力，而有的人则会因此消沉，甚至堕落，变得麻木不仁。正如一位哲人说过的：磨难对强者是垫脚石，对弱者却是万丈深渊。那么，青少年朋友们，你对此的态度呢？

如果你希望成为一个打不垮的强者，就要学会正视失败，打败消沉情绪，为此，你需要做到以下两点：

第一，你要选择你的态度。当逆境到来之时，你可以选择两种截然不同的态度，消极被动地害怕和逃避，或者积极主动地面对和接受。

若心存消极态度，那么，你将被局面控制，而积极主动，则能反过来控制局面。如果你希望能够通过自己的努力使自己的能量一点点变得强大，同时让自己变得更完美，就必须选择积极主动的态度，那么，逆境这朵"浮云"自然会被你驱赶出心灵的天空。

第二，反省自己。事实已经如此，你无法控制，但你可以控制自己的内心，让自己内心强大起来的方法就是反省自己。你需要问自己的是，为什么这件事不发生在别人身上，而发生在自己身上？我有哪些做得不足的地方？我应该怎样从自己出发，找到一个适当的、合理的方法去改进，从而去影响它呢？

怀着反省和觉悟的态度，以积极的心态回看自己，你就能带着耐心和勇气，一点点地拆开这包裹严实的"包装纸"，发现里面珍藏的真正的生命礼物。

说到底，决定人心态的是人的理想、人生观和世界观。一个大气的人就会具有远大的目标，正确的人生观，就是要胸怀宽广，执着进取，挑战自我，不屈命运，坚信自己，积极思想。那么，我们一定能保持良好的心态，即使生活给予我们挫折，我们也要怀着理解的心态给它一个微笑！

忘记过去的"旧伤"，开启新的生活

人生，本身就是一场旅途，在这场旅途中，既有平坦的大道，又有荆棘密布的小路，无论是疾病、贫穷还是天灾人祸，我们都必须学会承受。事业失败，你要承受挫折；被朋友背叛，你要承受被非议的磨难；为爱人付出很多，对方却离你而去，你必须承受失意的磨难……每当这时，你也许会无比惶惑，你也许会绝望，想到过放弃，想到过破罐破摔、得过且过……

然而，无论如何，一切都会过去，过去的那些创伤也会结痂，与其终日惴惴不安、自怨自艾，不如以平和的心态面对，把那些磨难当成人生中的小插曲，那么，灿烂的主旋律必定会为你弹奏。

我们来看下面的故事：

在美国密歇根州的沙支那城，有一位叫薛尔德的女性，在结婚以前，她的工作是推销《世界百科全书》之类的书籍，而结婚以后，为了方便照顾家庭，她辞职了，那段日子虽然不富足但是也过得很安逸。但是很快，她安逸的生活就陷入了苦难。

1937年，她的丈夫去世了，丈夫是家里的经济支柱，丈夫死后，她的经济就陷入了困窘，她非常恐慌。那段时间，她的精神极度颓废、崩溃，甚至差点自杀。

后来，她决定寻找出路，所以她给以前的老板奥罗区先生写信，请求他能让自己做回以前的工作，但是她的工作需要车，她又不得不四处借钱买了一辆旧车，然后继续从事推销那些书籍的工作。

薛尔德太太希望用最忙碌的生活冲淡内心的不安，但实际上她发现自己做不到，因为只有她一个人驾车，一个人做饭吃，一个人生活，这所有的一切都令她无法承受。而同时，她的工作也遇到了一些问题，她所推销的书根本卖不掉，业绩不好，她就赚不到钱。她整天觉得心情很沮丧，对生活也没有什么希望，她甚至绝望得想要再次走上自杀的道路。

有一天，她读到了一篇文章，里边的一句话让她活了下来："对一个聪明人来说，每天都是一个新的人生。"这句话瞬间让她获得了能量，于是，她把这句话打印出来，贴在汽车前面的挡风玻璃上，为的就是开车的时候能随时警醒自己。就这样，摆脱了孤寂和恐慌，变得很快乐，工作业绩也有了很大的突破。

薛尔德太太正是把每一天都看作是新生，所以她能够在每一天里忘记过去，不问将来，只是关注着当下的这一天。她很快地摆脱了自己过去的恐慌心情，变得十分快乐，这也让自己对工作打起了精神。不管昨天有多么糟糕，但是毕竟已经度过了，新的一天就应该忘记充满痛苦的昨天，带着新的心情迎接新的一天。

人活于世，谁都有不愿提起和想起的伤心往事，这被人们称为"旧伤"。它不像电脑程序一样可以被人删除、剪切，它只能靠我们自己来修复。

那么，青少年朋友们，该怎样从心理的角度"修复"那些"旧伤"呢？

1.不要强迫自己去忘记某件事情，把一切交给时间

忘记任何一件痛苦的事，都需要一个过程，因此，有时偶尔会想起它，其实也无妨。当你想起它时，你可以对自己说：

那都是过去，看我现在多快乐啊！相比过去而言，现在的我是多么地幸福啊……人要往前看，往好处想，随着时间的流逝，那些过去也就真的成为"往事"了。

2.转移注意力，不给"旧伤"复发的空隙

你可以从现在起把你的时间排满，做一点别的事情来转移自己的注意力。扩大你的生活圈子，关心你的朋友，你的亲人。这样你会觉得快乐，痛苦的回忆也就无处藏身。

3.找到适当的发泄方式

你可以试着找真诚的朋友听你诉说心里的苦闷，多听听他人的意见，多从积极而乐观的角度去想事情，微笑着看待生命中的每件事。同时，你也可以找到其他适合自己的放松和发泄方式，如逛街、欣赏音乐、跳舞、跑步、看书等。

可见，乐观豁达的态度，无论对于你们自己，还是生活在我们周围的人，都能带来积极的情绪、带来成功。思维心理学专家指出："乐观是成功的一大要诀。"他说，失败者通常有一个悲观的"解释事物的方式"，即遇到挫折时，总会在心里对自己说："生命就这么无奈，努力也是徒然。"由于经常运用这种悲观的方式解释事物，无意中就丧失了斗志，不思进取。

总之，你需要知道，笑对人生，生活不会亏待每一个热爱它的人。生命是一次航行，自然会遇到暴风骤雨，那么，我们该如何驾驶生命的小舟，让它迎风破浪，驶向成功的彼岸？这需要勇气，需要以一种平常心去面对！

🔋 伤害已是往事，放下仇恨就是放过自己

人类是这个世界上情感最为复杂的动物，人们宽容、善良，有爱心，但却同样有一些负面的情感，比如仇恨。这是人类情感的毒素。我们看到，仇恨所产生的报复行为在这个世界上随处可见。因为仇恨，有些人嗜杀他人的生命；因为仇恨，亲人间反目成仇；因为仇恨，朋友间老死不相往来。仇恨源于被他人伤害，但其实，那些伤害已是往事，何必执拗？放下它，不仅放过了别人，更放过了你自己。而那些心怀仇恨的人与奸诈的人看似受不到别人伤害，但是"毒素"首先伤害的便是他们自己。

对于人生才刚刚开始的青少年朋友们来说，要不断培养自己宽广的胸怀，以包容的心对待生活中的人和事，不让仇恨有机可乘，那么，你不仅能得到他人的认可，更能获得快乐。

我们再看下面一个故事：

从前，有一位德高望重的禅师，每年，他所在的寺庙都会

有很多香客前来求教。

这天，寺里来了一些人，这些人告诉禅师，自己内心都藏有仇恨，并且被仇恨折磨得很痛苦，希望禅师能给予良方，加以消除。

禅师听他们诉说完以后，只是笑着回答："我屋里有一堆铁饼，你们把自己所仇恨的人的名字一一写在纸条上，然后一个名字贴在一个铁饼上，最后再将那些铁饼全都背起来！"大家不明就理，都按照禅师说的去做了。

于是那些仇恨少的人就背上了几块铁饼，而那些仇恨多的人则背起了十几块，甚至几十块铁饼。

一块铁饼有两斤重，背几十块铁饼就有上百斤重。仇恨多的人背着铁饼难受至极，一会儿就叫起来了，"禅师，能让我放下铁饼来歇一歇吗？"禅师说："你们感到很难受，是吧！你们背的岂止是铁饼，那是你们的仇恨，你们的仇恨可曾放下过？"大家不由地抱怨起来，私下小声说："我们是来请他帮我们消除痛苦的，可他却让我们如此受罪，还说是什么有德的禅师呢，我看也就不过如此！"

禅师虽然人老了，但是却耳聪目明，他听到了，却一点也不生气，反而微笑着对大家说："我让你们背铁饼，你们就对我仇恨起来了，可见你们的仇恨之心不小呀！你们越是恨我，我就越是要你们背！"有人高声叫起来："我看你是在想法子整我们，我不背了！"那个人说着当真就将身上的铁饼放下了，接着又有人将铁饼放下了。禅师见了，只笑不语。终于大部分人都撑不住了，一个个悄悄地将身上的铁饼取下些扔了。禅师见了说："你们大家都感到无比难受了，都放下吧！"大家一听立即就将铁饼放了下来，然后坐在地上休息。

禅师笑着说："现在，你们感到很轻松，对吧！你们的仇恨就好像那些铁饼一样，你们一直背负着它，因此就感到自己很难受很痛苦。如果你们像放下铁饼一样放下自己的仇恨，你们也就会如释重负，不再痛苦了！"大家听了不由得相视一笑，各自吐了一口气。

禅师接着说道："你们背铁饼背了一会儿就感到痛苦，又怎能让仇恨背负一辈子呢？现在，你们心中还有仇恨吗？"大家笑着说："没有了！你这办法真好，让我们不敢也不愿再心里存半点仇恨了！"

正如禅师所说，仇恨是重负，一个人不肯放弃自己心中的仇恨，不能原谅别人，其实就是在仇恨自己，让自己受罪！仇恨越多的人，他也就活得越苦。一个人没有仇恨之心，他才能活得快乐！因此，从现在起，如果你心头有很，不妨放下吧，你会发现，你就像卸下了一块大石头一样变得轻松。

仇恨就像一粒种子，它最终会种出人际间的不信任、敌意、怀疑……如果这些仇恨的种子被到处播散的话，它不仅会危害到个人的生活，还会影响到整个社会。而心怀爱与悲悯之人，不像心怀仇恨与奸诈之人那么强大。天使只有洁白的翅膀，而魔鬼却有锋利的爪牙一样，被仇恨包围起来的人就好像魔鬼一样面目可憎的。人类历史上，战争、迫害、屠杀等各种残忍行为的不断上演，正是因为有仇恨的存在。

有句话说："谨慎使你免于灾害，宽容使你免于纠纷。"青少年朋友们，在纠纷面前，你也要学会宽容别人。宽容是一种高尚的善意，它能使人换位思考，处理好人际关系。若无宽容，生命将永远被永无休止的仇恨和报复所控制。只有善于团结，才会得到友善的回报！

当然，排解仇恨情绪是一个净化心灵的过程。你也应学得宽容一些，不再那么容易受伤，这样才能防患于未然，不让仇恨之火轻易燃起。具体说来，你可以这样排解内心仇恨：

1.转换角度，找出事情良性的一面

每件事情都有两面性，有好的一面，也就有坏的一面，人之所以仇恨，就是因为人只看见了坏的一面，如果你试着向好的一面看，仇恨也许会消除。

在排解内心仇恨情绪的时候，你可以尝试着说服自己：他之所以这样做，是有一定缘由的，我应该原谅他。然后慢慢地让自己接受现实，从心底理解和原谅他人，进而让仇恨情绪随着时间的推移逐渐淡去。

2.学会宽容，懂得忍耐

很多时候，我们都需要宽容，宽容不仅是给别人机会，更是为自己创造机会。只有忘记仇恨，宽宏大量，才能与人和睦相处，才会赢得他人的友谊和信任，更能够赢得他人的支持和帮助。"念念不忘"别人的"坏处"实际上最受其害的就是自己的心灵。

3.找到令自己快乐的钥匙

在我们每个人的心中，都有一把"快乐的钥匙"，但很多时候，我们却把这把钥匙的掌管权交给了别人。的确，我们的情绪很容易被周围的人、事、物影响，但千万要记住，让你快乐的，始终是你自己。如果你在内心开始"恨"一个人，那么，你不妨也记住一句话：生活中有太多值得你去倾注热情的快乐之事，大可不必去为自己的假想敌劳神费心。

总之，忘记仇恨，才能提高自己，开阔自己。学会了宽恕自己、宽恕别人，才会活得更加如意、更加幸福。

既然无法选择过去，那就努力把握"当下"

有人说，人生如变幻莫测的天空，刚才还晴空万里，转眼间阴云密布、倾盆大雨。但这些都是上一秒发生的事，人要向前看，不管过去多么悲伤失意，过去的总归过去，只有向前看，才会有希望。

曾经有人对人生做了一个很恰当的概括：人的一生可简单概括为昨天、今天和明天。这"三天"中，"今天"最重要。因为过去的已经成为事实，再去追悔已经无济于事，而对于明天的事，我们谁也不能打包票，因此，我们要做的就是活好当下！

因此，成长中的青少年朋友们，也许你曾经有个痛苦的童年，也许你的内心住着一个受伤的小孩，也许你曾经被朋友伤害，但请抛开那些失败之后的不安吧，如果你想取得最后的成功，就必须要勇于忘却过去的不幸，重新开始新的生活。

有这样一篇日记：

"刚开始的几天心里面真的很难受。我是一个很固执的人，认为自己再也走不出记忆了。现在我都不太清楚那些天是怎么样过来的，我曾经强迫自己去忘掉，可是越是这样，那些画面在我的脑中就越清晰。悲伤、难受这些词根本无法诠释我当时的心情。也不知道是从什么时候开始我接受了这个事实，不再刻意地去想以前，我努力生活，努力让自己快乐，我关心着身边的每一个人。渐渐地让自己走出来了，偶尔听别人提到他，也忍不住去关心一下，但是我知道这已经与爱情无关了。"

恐怕很多人在爱情路上都曾经受过伤，也都有过这样一段"疗伤"的经历。人活于世，谁都有不愿提起和想起的伤心往事，这被人们称为"旧伤"。它不像电脑程序一样可以被人删除、剪切，它只能靠我们自己来修复。那么，我们该怎样从心理的角度"修复"那些旧伤呢？

心理学家指出，要修复自己的心态，就要接纳和尊重自己的过去和昨天，因为下一秒，现在也将变成过去。

从心理治疗的角度来说，心理医生在引导患者求助他人的过程中，往往会从对方过去的经历中寻找"根源伤害事件"，并帮助对方挖掘出心理症结，找到疗愈的方法。

很显然，生活中和有过痛苦经历的青少年有很多，如果你背着过去沉重而巨大的心理包袱，是无从谈未来的，若要开启全新的人生，那就必须丢掉这些包袱，从接纳并尊重自己的过去开始。

古人说："哀莫大于心死"。一个人最可怕的心态莫过于心存放弃，这种灵魂的死亡比起躯体的死亡更为可怕。而唯有激励自我，方可以焕发青春，扬起生命的希望之帆。

有一对孪生姐妹，长得甜美可爱，姐姐叫莉莉，妹妹叫菲菲。

但命运就是这样不公，有天夜里，姐妹俩在家，家中着火了，所幸消防员从废墟里扒出了她们姐妹俩，家中其他人都已经丧生了，只有她们是幸存者。

醒来后，姐妹俩早已面目全非。妹妹菲菲无法接受眼前的现实，无法活下去的念头从他的思想走进了她的潜意识，她总是自暴自弃地重复着一句话："与其这样还不如死了算了。"于是，最终，偷偷服了50片安眠药，离开了人世。

姐姐莉莉虽同样十分痛苦，但她仍然一次次地暗示自己："我生命的价值比谁都高贵。"后来，她开起了出租车。

一天，莉莉接到一个订单，要去机场接一个客人，当时天空下着雨，路很滑，她开得很慢，此时，她发现不远处的一座桥上站着一个人。莉莉紧急刹车，汽车滑进了路边的一条小水沟里。她还没有靠近那个年轻人的时候，年轻人已经跳进了河里。年轻人被她救起后又连续跳了三次，最后一次连她自己也差点被大水淹没。

后来莉莉才知道，她救的是位亿万富翁。亿万富翁为了感激莉莉给了他第二次生命，就和莉莉一起做起了事业。莉莉从一个积蓄不足10万元的司机，凭着自己的诚信经营，发展成了一个拥有几百员工的运输公司的老总，几年后医术发达了，莉

莉用挣来的钱整好了自己的面容。而且她也成功嫁给了自己的
心上人——她曾经救过的这位富翁。

一对孪生姐妹，为什么命运如此不同？因为她们的心态不
同，面对毁容，妹妹菲菲因无法接受，选择自杀结束了自己的
生命，而莉莉却始终告诫自己，自己的生命价值比谁都高贵，
从而努力活了下来，后来，她用同样的信念救了另外一个轻生
的人，从而改变了自己的命运。

所以，对于糟糕的昨天，我们应该先接受它，我们越是
抗拒，越是无法平和地面对。因此，不要再不断地反问自己：
"我怎么会这样呢？""我怎么会遇到这种事情"，这只会让
你的痛苦加剧。

如果你能减少抗拒的时间，那么，你就能较早地从不幸
中走出来。比如，当身边的人去世了，你肯定会伤心、痛苦，
但如果你能告诉自己："逝者已逝"，那么你会逐渐变得平
和起来。而反过来，对于已经既定的事实，你越是长时间抗
拒，越是会痛苦，你处于低潮期的时间就会越长。只有接纳，
才能先摒弃消极不安的状态。接纳并不是意味着"算了，认命
吧。""我不会再有什么发展了。""接受这种状态吧。"而
是一种积极进取的态度，只有不断地采取行动，才能取得理想
的结果。

参考文献

[1]贝弗莉·恩格尔.这不是你的错，如何治愈童年创伤[M].北京：人民邮电出版社，2016.

[2]金伯利·罗斯, 弗雷达·弗兰德曼.与内心的小孩对话[M].北京：北京联合出版有限公司，2017.

[3]唐明刚.斯坦威出品.与内在小孩和解 [M].北京：中国友谊出版公司，2021.

[4]钟灼辉.做自己最好的医生[M].北京：华夏出版社，2015.